文库

吴 晗 著

史事与人物

江西教育出版社
JIANGXI EDUCATION PUBLISHING HOUSE
·南昌·

图书在版编目（CIP）数据

史事与人物 / 吴晗著 . -- 南昌 : 江西教育出版社，

2021.10

（大家学术文库）

ISBN 978-7-5705-2879-0

Ⅰ . ①史… Ⅱ . ①吴… Ⅲ . ①随笔 – 作品集 – 中国 –

当代 Ⅳ . ① I267.1

中国版本图书馆 CIP 数据核字 (2021) 第 187224 号

史事与人物

SHISHI YU RENWU

吴　晗　著

江西教育出版社出版

（ 南昌市抚河北路 291 号　　邮编：330008 ）

各地新华书店经销

北京长宁印刷有限公司印刷

635 毫米 ×960 毫米　　16 开本　　7.75 印张　　字数 115 千字

2021 年 10 月第 1 版　　2021 年 10 月第 1 次印刷

ISBN 978-7-5705-2879-0

定价：28.00 元

赣教版图书如有印装质量问题，请向我社调换　电话：0791-86710427

投稿邮箱：JXJYCBS@163.com　　电话：0791-86705643

网址：http://www.jxeph.com

赣版权登字 -02-2021-620

"大家学术文库"编者按

中国学术，昉自伏羲画卦，至周公制礼作乐而规模始备。其后，王官失守，孔子删述六经，创为私学，是为诸子百家之始。《庄子》曰："道术将为天下裂。"孔子殁后，儒分为八；墨子殁后，墨分为三。诸子周游天下，游说诸侯，皆以起衰救弊、发明学术为务，各国亦以奖励学术、招徕人才为务，遂有田齐稷下学官之设。商鞅变法，诗书燔而法令明；始皇一统，儒士坑而黔首愚，当此之时，学在官府，以吏为师，先王之学，不绝如缕。至汉高以匹夫起自草泽，诛暴秦，解倒悬，中国学术始获一线生机。其后，汉惠废挟书之律，民间藏书重见天日。孝武之世，董子献"罢黜百家，表彰六经"之策，定六经于一尊。其后，虽有今古之分、儒释之争、汉宋之异、道学心学之别、义理考据之殊，而六经独尊之势，未曾移也。

及鸦片战起，国门洞开，欧风美雨，遍于中夏，诚"三千年未有之变局"。当此之时，国人震于列强之船坚炮利，思有以自强；又羡于西人之政教修明，思有以自效。于是有"变法守旧之争""革命改良之争""排满保皇之争"，而我国固有之学术传统，亦因之而起变化。清季罢科举而六经独尊之势麿，蔡孑民废读经而六经独尊之势丧。当此之时，立论有疑古、信古、释古之别，学派有"古史辩"与"学衡"之争，学说有"文学革命""思想革命""文字革命""伦理革命"诸说，师法有"师俄""师日""师西"之分，众说纷纭，莫衷一是，百家争鸣，复见于近代。

民国诸家，为阐明道术、解救时弊，著书立说、授课讲学，其学术思想，历久弥新，至今熠熠生辉，予人启迪。然近人著作，汗牛充栋，多如恒河之沙，使人难免望书兴叹，不知从何下手，穷其一生，亦难以卒读。因此之故，我们特精选最具代表性之近人著作，依次出版，俾读者略窥学术门墙，得进学之阶。此次选辑出版，虽未能穷尽近人学术之精品，难免有遗珠之憾；然能示人以门径，使人借此以知近人学术规模之宏大、体系之完密，亦不失我们编辑出版"大家学术文库"之初衷。

此次出版，为适应今人阅读习惯，提升丛书品质，我们特对所选书籍做了必要之编辑加工，约有如下诸端：

一、改繁体竖排为简体横排；

二、修正淘汰字、异体字，规范标点符号用法，为一些书加新式标点；

三、校改原稿印刷产生之错字、别字、衍字、脱字；

四、凡遇同一书稿中同一人名有两种及以上不同写法者，一律统改为常用写法。

除以上所举四点之外，其余一仍其旧，力求完整保持各书原貌。

然限于编者之有限学力，书中疏漏之处，在所难免，尚祈广大方家、读者诸君不吝批评斧正。

编 者

2021 年 9 月

目 录

回纥助唐记 …………………………………… 001

论奴才——石敬瑭父子 ……………………… 006

"社会贤达"考 ………………………………… 011

奴隶翻身的史例 ……………………………… 015

关于魏忠贤 …………………………………… 018

历史上的国民身份证 ………………………… 025

哭一多 ………………………………………… 035

闻一多的"手工业" …………………………… 039

陶行知先生在上海的回忆 …………………… 044

记张荫麟 ……………………………………… 049

毛鸿上校 ……………………………………… 057

读《二千年间》 ………………………………… 063

《明太祖》和《从僧钵到皇权》 ……………… 069

苏渥洛夫传 ⋯⋯⋯⋯⋯⋯⋯⋯⋯⋯⋯⋯⋯⋯ 075

读《对马》⋯⋯⋯⋯⋯⋯⋯⋯⋯⋯⋯⋯⋯⋯ 080

记第八大队 ⋯⋯⋯⋯⋯⋯⋯⋯⋯⋯⋯⋯⋯ 090

浙道难 ⋯⋯⋯⋯⋯⋯⋯⋯⋯⋯⋯⋯⋯⋯⋯ 100

真空的乡村 ⋯⋯⋯⋯⋯⋯⋯⋯⋯⋯⋯⋯⋯ 110

回纥助唐记

一千二百多年前中国发生内战，长安洛阳两个都城全陷落了，天宝皇帝抛弃了人民和土地，带着他宠爱的妃子出奔，一直逃到成都，在成都待了一阵。靠将军郭子仪，尤其是盟邦回纥的福，居然打了几个胜仗，收复了京城，举行了还都大典。一切都复了原，腐化，贪污，作弊，加上卖官鬻爵，连和尚道士的度牒都卖钱，还有恶性通货膨胀，唯一未复员的是马嵬驿的孤坟。还有，年纪过七十了，儿子早当了家，只好当太上皇，吃碗有点别扭的闲饭。

回纥的骑兵是有名的，排山倒海而来的骑兵方阵，冲破了安禄山、史思明的曳落河（壮士外族军），击溃了安庆绪、史朝义的番将汉兵。不过，也根据唐回条约，抢光了洛阳、长安和沿途所经的城市，榨干了中国人民的血汗，蹂躏侮辱了中国的子女，还在唐回商约的保证下，每年来笑纳一笔可观的保护费，或者说是援助费吧。

天宝十四载（公元七五五）十一月安禄山反于河北，以讨杨国忠为名，步骑精锐，烟尘千里，鼓噪震地，十二月陷洛阳，第二年六月入潼关，取长安，天宝皇南奔。他的儿子北奔，就当时最强的朔方军组织流亡政府。

朔方的统帅是郭子仪，有五万大军，还有许多骁猛的番将，本钱还不错，中原方面，有张巡、许远用力阻住安禄山，不许他南下。

长江以南的局面是完整的。回纥可汗和吐蕃赞普都派人来说愿意出兵援唐。七五六年九月唐肃宗为了要"借兵于外夷以张军势",派一个宗室和番将仆固怀恩出使回纥,发拔汗那兵,和西方番族兵,条件是大大的经济报酬。

回纥派了贵将葛罗支带两千精骑和郭子仪合军,一到就打了个大胜仗。郭子仪觉得有办法了。劝唐肃宗再请回纥援助。回纥怀仁可汗也真慷慨,七五七年九月又派他的儿子叶护和将军帝德带四千余骑来助战。皇太子广平王俶作天下兵马元帅,和叶护结拜为兄弟,统帅朔方、回纥、安西、南蛮、大食兵十五万,号称二十万,一个实实在在的国际联军,从凤翔出发,削平"内乱",收复失地。

回纥军的给养每天羊二百口,牛二十头,米四十斛。替唐朝作战的条件,说明在两都收复后土地人众归唐,玉帛子女归回纥,也就是政治的主权,拿不走的土地算一份,经济的物资和女人之类也算一份,两家平分。一个可以回老家,一个呢,做一票大买卖。

第一次大战是香积寺之战。长安西,沣水东。

开头唐军被敌人排头并进的曳落河所突破,阵势乱,苦战了一阵子,前军用长刀冲锋,稳住战局。突然从斜刺里杀出仆固怀恩的回纥军,两头夹击。十万敌军被歼灭了六万,当晚退出长安。

第二天大军进入西京,叶护立刻下令大抢,履行条约。

广平王没办法,只好拜于叶护马前,说是"今始得西京,若遽俘掠,则东京之人皆为贼固守,不可复取矣。愿至东京乃如约"。叶护想这道理也对,答应到洛阳再动手。

第二役是新店之战,在陕城西面。

安禄山的部队有十五万,郭子仪军一接仗就吃了亏,又是回纥军抄背后。大风黄埃中万马奔腾,箭似连珠,安禄山军着了慌,一下就垮了。又是两头夹击,完成了一个歼灭战。第二天大军进入东京。

这一回双方都忠实实行条约上的权利,回纥军整整放开手抢了三天。政府库藏光,民间积蓄光,大元帅干瞪眼。回纥军到第四天还不肯住手，洛阳的绅士们只好再来一次自动的慰劳，献出中国的名产缯锦万匹，才算收了手。于是大元帅接收了空城，家家像洗过一样的空房子，和丢了老婆不见女儿的丈夫和父母，不过，主权是完整的！

叶护凯旋到长安，皇帝派群臣郊迎，在长乐驿举行慰劳仪式，在宣政殿摆庆功宴，人人赐锦绣缯器。叶护乐极，说要亲自回国，再调一批人马来，直捣范阳，奠定统一。皇帝也乐了，大夸奖，说"为朕竭义勇，成大事，卿等力也"。拜为司空，爵忠义王，每年赐绢二万匹。

岁币之外，是和亲。和亲照汉朝的老规矩，是拿宗室女子或民间美女来代替的。这次却不然，为了表示亲善，唐肃宗居然舍了自己亲生的小女儿宁国公主，奉送给他所册立的回纥英武威远毗伽汗磨延啜。陪送使臣为了这一点，当面和可汗说明，是皇帝亲生公主，"恩礼至重"！于是公主成为回纥可敦，唐天子天可汗成为回纥可汗的老丈人，一门真正的亲戚。

当然，回纥军第三次来华，回纥王子骨啜特勒、宰相帝德又率领骑兵三千来助战。

乾元二年（公元七五九）二月九节度师溃于相州，回纥将军奔还长安。为了安慰，为了下次的援助，这些败军之将还是载着比过去所得更多的赏方。

七六二年九月洛阳又失陷了，唐使臣刘清潭又到回纥去乞师。回纥先以为唐朝连遭玄宗和肃宗之丧，中国无主，落得趁火打劫，出兵到朔方三受降城，眼见边地已经残破不堪，越发起了轻视的念头，对天可汗的使臣加以困辱。急了无法，还是请仆固怀恩去办交涉。这时的回纥可汗是怀恩的女婿。左劝右劝，才答应助唐。可是出师路线，左不行，右不行，最后才挑了一条不会和敌军接触，而又沿途给养充足的陕州线。

天可汗派皇太子雍王适作天下兵马元帅，行营在陕州。过河去见回纥可汗，同去的有两个将军和两个高级幕僚。一到便被逼向可汗行拜舞礼，为了顾体面，抵死不肯。将军幕僚每人被鞭一百，两个当场打死，剩下两个屈辱地跟元帅回营，什么也没有说，更说不上军事的配合。

东都再度收复，回纥军又随至大掠，杀人抢东西，无所不为。老百姓无处投奔，逃避到圣善寺和白马寺，求泥菩萨庇护。把回纥搞恼了，一把火连烧了十几天，杀一万多人。唐朝的官军也痒了手，在汝州、郑州照样来一套，整整三个月功夫，弄得这战区，没有一所房子是完整的，老百姓衣服被剥光，只好穿纸衣裳过日子。

为了报答收复东都的大功，天可汗册封回纥为颉咄登里骨啜蜜施合具录英义建功毗伽可汗，可敦为婆墨光亲丽华毗伽可敦，从可汗到宰相，共赐实封二万户，将军都封王和国公。

回纥先把所掠宝货安置在河阳，派兵守护，到回国时，又把沿途民家一扫而光。政府的招待稍不如意，便杀人放火，闹得没有人敢替回纥办差。政府也知道这情形，七六三年七月下令凡回纥行营所经过的地方，免今年田租一年以示体恤。

回纥从此算是唐朝的有功有德的盟邦了。对盟邦是不应不友好的，对盟邦不友好便是违反政府利益，大逆不道。即使是盟邦对我们稍有不友好情形，也应该容忍，原谅，务必在和谐的空气中，保持大国风度。

以下是零碎的一连串的回纥对唐表示友好的事实。

七六三年闰正月己酉夜，有回纥十五人犯含光门，突入鸿胪寺，守卫不敢拦阻。含光门在朱雀街西，是政府机关所在地，鸿胪寺是国宾招待所。

七七二年正月回纥使臣突出鸿胪寺，在闹市抢女人，毁击干涉他们的官吏。接着又一哄冲出三百多骑兵要冲进金光门、朱雀门，闹得皇城门全关上，长安罢市。政府派出经常出使回纥的太监，多方说好话，赔笑脸，才算了结此案。

同年七月又跑出鸿胪寺，到大街抢劫，连长安县令邵说也给赶跑了，把他的坐马抢走。邵说只好低头，另换一个马回家。

七七四年七月壬寅，回纥白天在大街上杀人，地方官把杀人犯拘捕之后，皇帝下令特赦。

七七五年九月戊午回纥又是白天在大街杀人，把一个市民肠子刺出，被拘囚在万年县监狱。回纥使臣赤心立刻带人劫狱，把狱吏斫伤，犯人抢走。政府得到报告，为了亲善，没有说话。

以上这几个例子只是在首都的暴行，而且只是当时史官所记下的暴行，至于其他地方的，史官所没有记下的更不知有多少。

可是，就是这几个例子也尽够了，在堂堂天可汗国的首都，在国宾招待所里，在皇城城门口，在政府机关，在大街广巷，攻打皇城城门，攻击官署，抢劫地方长官坐马，杀人劫狱，其他地方可想而知，对平民百姓又可想而知了。

不止如此，七七八年正月，回纥大军入寇太原，唐军居然抵抗，死了一万多人，回纥纵兵大抢，过了一个月才被更大的兵力所压迫退出。政府还是容忍，也不问为什么来攻击来抢，回纥使臣来了，还是照旧招待。

而且，从七五八年以来，根据唐回商约，回纥用马来换唐的缯帛，每马一匹换帛四十匹。回纥每年赶几万匹马来通商，大部分是老的病的，买的不够数，给的缯帛不够数立刻闹翻，不是动手打就是用军队打，政府苦于无法应付，而又不敢不应付，只好竭尽库藏，实在没办法，有时闹得由公务员捐月薪，将军献家财，每一次回纥使臣回去，所得的赏赐和马价要用一千多辆车子才够装。

这情形一直到八四三年，回纥接连发生内乱，部落离散，唐大破回纥之后，才结束了这九十年来的亲善关系。

可惜，史缺有间，要不然，一定有多少次的敦睦邦交令可以让我们参考。

论奴才——石敬瑭父子

　　奴才之种类甚多。就历史上已有的材料而论，大体上可以分作两大类。一类是形逼势紧，国破家亡，身为囚虏。到了这步田地，不肯做也得做，做了满心委屈，涕泪交流，有奴才的形式而未曾具备或者养成奴才的心理的。这一类例子，如南宋亡国，皇太后谢道清领着小孙子，寡妇孤儿，敌人兵临城下，军队垮台了，大臣跑了，大势已去，没奈何只得向伯颜递降表，一家儿被押送到北方，朝见忽必烈大汗。也幸亏是寡妇孤儿，免去了告庙献俘那一套。可是，如词人汪元量《水云词》所说，"臣妾签名谢道清"，这滋味也就够了。又如西晋末的怀愍二帝，北宋末的徽钦二帝，这两对历史人物，真是无独有偶。都作过皇帝，相同一也；都亡国被俘，相同二也；被俘后都被逼向新主人青衣行酒（穿上奴才的服装，伏侍主子喝酒），相同三也；而且新主子都是被发左衽的外族（即外国人），相同四也；而且，都有看了受不了，跳起来把外国人骂一顿，因而被杀的忠臣，不肯作外国奴才的随从，相同五也。读史的人总是悲天悯人，同情弱者失败者的，虽然自有其该被咀咒被清算的道理在，不过软心肠的人，读了这些翔实刻划的记载，还免不了一把眼泪一把鼻涕，冲淡了亡国君主的罪恶，替他们想想，倒也上算。

　　另一种则是很不好听的了，一心想作主子，奴役众多的人民，而又先天不足，后天失调，作事不得人心，夺取或者维持政权的武力，又不大够，于是只好撢撢土，打点青衣，硬跪在外国人面前，写下甘结，卖身为奴。偏偏外国人有的是俘虏，愿作奴才可作奴才的甚多，一两打也不在乎。于是，只好更进一步，硬装年轻，拜在脚转弯下，作干儿子，作干孙子，具备了丰富了奴才的全部的一切的心理形态，求得番兵番械，杀向本国，当然还得有番顾问、番将军指挥提携，圆满合作，完成了统一大业，坐上金銮宝殿。对内是大皇帝，对外呢，当然是儿皇帝、孙皇帝了。这一类的例子也有的是，著例是晋高祖石敬瑭父子。

当然，那时代的世界不很大，契丹女真之外，实在也找不出别的列强。要不然，价钱讲不好的时候，多少也还可以撒一下娇，由冯道一流人物，用委婉的口气，诉说假如再不支持我，那末，我只好重新考虑什么什么之类的话。不幸而历史事实确是如上所说，无从考虑起，真也是无可奈何的事。

石敬瑭的脸谱是值得描画一下的，《旧五代史》七十五《晋高祖纪》说：

> "清泰三年（公元九三六，晋天福元年）五月，唐末帝移授敬瑭郓州节度使（敬瑭原为太原节度使，驻晋阳），降诏促赴任。敬瑭遂拒末帝之命，寻命桑维翰诣诸道求援，契丹遣人复书约以中秋赴义。九月辛丑，契丹主率众自雁门而南。旌旗不绝五十余里。是夜敬瑭出北门与戎王相见。戎王执敬瑭手曰，'恨会面之晚。'因论父子之义。十一月戎王会敬瑭于营，谓敬瑭曰，'我三千里赴义，事须必成，观尔体貌恢廓，识量深远，真国主也。天命有属，事不可失，欲徇蕃汉群议，册尔为天子。'敬瑭饰让久之，既而诸军劝请相继，乃命筑坛于晋阳城南，册敬瑭为大晋皇帝。"（《辽史·太宗纪》，十一年冬十月甲子封敬瑭为晋王，十一月丁酉册敬瑭为大晋皇帝，《薛史》及《通鉴》《欧阳史》俱不载先封晋事。）"文曰：'维天显九年岁次丙申十一日丙戌朔十二日丁酉大契丹皇帝若曰……咨尔子晋王神钟睿哲，天赞英雄……尔维近戚，实系本枝，所以余视尔若子，尔待予犹父

也。……是用命尔当践皇极，仍以尔自兹并土，首建义旗，宜以国号曰晋。朕永与为父子之邦，保山河之誓。'……"

石敬瑭生于唐景福元年二月二十八日，景福元年为公元八九二年，到清泰三年是四十五岁。他的"干爸爸"辽太宗耶律德光呢？生于唐天复二年，公元九〇二年，到清泰三年是三十五岁，整整比他儿皇帝小十岁。父亲三十五，儿子四十五，无以名之，学现代名词，称之为政治父子吧！

干爸爸支持干儿子作皇帝，君临中国人民的代价："是日，帝言于戎王，愿以雁门以北及幽州之地为戎王寿，仍约岁输帛三十万，戎王许之。"也就是历史上著称的燕云十六州，包括现在以北平和大同为中心东至榆关北迄内蒙的一片广大地区，更主要的是长城原为中国国防险要，这片地一割，契丹军力驻在长城以南，北宋建国，北边就无险可守了。辽亡这片地归金，金亡归元，一直要到一三六八年，明太祖北伐，才算重归故国，统计起来，沦陷了差不多四百三十二年！

> 闰十一月甲子戎王举酒言于帝曰："予远来赴义，大事已成，皇帝须赴京都。今令大详衮勒兵相送至河梁，要过河者任意多少，予亦且在此州，俟京洛平定，便当北辕。"执手相泣，久不能别。脱白貂裘以衣帝，赠细马二十匹，战马一千二百匹，仍诚曰，子子孙孙，各无相忘。

由这一史料说明，敬瑭入京都主要的军力是契丹军，也就是援晋军，契丹资助物资最主要的是战马。至于执手相泣，有人说是矫情，其实并不见得。何以知之？因为一个是平白作了中国皇帝的父亲，喜欢得掉眼泪；另一个呢，凭着干爸爸平步登天作皇帝，"庙堂初入"，皇基大奠，又怎能不感激涕零呢！

作了七年儿皇帝，石敬瑭死时年五十一岁。

编历史的人——史臣对石敬瑭是不同情的，《旧史》不同情他召外援，残中国，说："然而图事之初，召戎为援，猃狁自兹而孔炽，黔黎由是以罹殃。迨至嗣君，兵连祸结，卒使都城失守，举族为俘，亦犹决鲸海以救焚，何逃没溺，饥鸩浆而止渴，终取败亡，谋之不臧，何至于是！"

其实，作人家的干儿子，奴颜婢膝称臣纳贡，到底也不是什么痛快事。表面上石敬瑭恭恭敬敬侍候恩人大契丹皇帝，到清夜扪心，良心发作时，也还是不快活的。《旧五代史》八十九《桑维翰传》说："高祖召使人于内殿，传密旨于维翰曰，朕比以北面事之，烦懑不快。"可是自作自受，无法翻悔，也不敢翻悔。到了下一代，受不了这口气，就不能不变卦了。

敬瑭死，侄子重贵即位，称为少帝。景延广当国执政。《旧五代史》八十八《景延广传》："朝廷遣使告哀契丹，无表。致书去臣称孙。契丹怒，遣使来让。延广乃奏遣契丹回国使乔荣告戎王曰，先帝则北朝所立，今上则中国自策，为邻为孙则无臣之礼。且言晋朝有十万口横磨剑，翁若要战则早来，他日不禁孙子，则取笑天下，当成后悔矣。由是与契丹立敌，干戈日寻。"原来少帝和景延广的看法，称臣和称孙是有区别的，当干孙子是自家人称谓，耻辱只是石氏一家的事。称臣则是整个晋国，包括大臣和人民在内的耻辱，于国体有关了。

晋辽战争的结果，开运三年（公元九四六）十二月晋军败降，契丹军入大梁。少帝奉降表于戎王道："孙男臣重贵言：擅徙宗祧，既非禀命，轻发文字，辄敢抗尊，自启衅端，果贻赫怒，祸至神惑，运尽天亡。臣负义包羞，贪生忘耻，自贻颠覆，上累祖宗，偷度朝昏，苟存视息。翁皇帝若惠顾畴昔，稍霁雷霆，未赐灵诛，不绝先祀，则百口荷更生大德，一门衔无报之恩，虽所愿焉，非敢望也。"皇太后也上降表，署名是晋室皇太后媳妇李氏妾言：谢罪求生，大意相同。次年正月辛卯，契丹封少帝为负义侯，黄龙府安置，其地在渤海国界。十八年后，宋太祖乾德二年（公元九六四）少帝死于建州。史臣说他"委托非人，坐受平阳之辱，族行万里，身老穷荒，自古亡国之丑，无如帝之甚也，千载之后，其如耻何。伤哉"！算算年头看，今年是一九四七年，刚好是一千年整！

细读五代史，原来养干儿子，拜干爸爸是这时代的风气，尤其是番人，当时的外国人。薛居正《旧五代史·晋高祖纪》还替晋高祖说谎，说是什么本太原人，卫大夫石碏、汉丞相奋之后，一连串鬼话。欧阳修《新五代史》便无需回护了，老实说："高祖圣文章武明德孝皇帝，其父臬捩鸡，本出于西夷，从朱邪入居阴山，臬捩鸡生敬瑭，其姓石氏，不得其得姓之始也。"朱邪是沙陀族，石家是沙陀世将，那末，石家原来就是外国人。那末，石敬瑭自愿作契丹主的干儿子，石重贵愿作干孙子而不愿称臣的道理，也就可以明白了。

隔了一千年，读石敬瑭的纪载，似乎还听得见看得见石敬瑭的面貌声音，石敬瑭左右的谈话和声明、援助、救济、军火、物资、哀求声、恫吓声、撒娇声，历历如绘。

"社会贤达"考

"社会贤达"这一名词是颇为有趣的，仔细想想，会使人好笑。因为，第一，似乎只有在社会上才有贤达，那末，在政府里的诸公算是什么呢？第二，社会"贤达"如王云五先生之流者居然做了官了，人不在社会而在政府，上面两字安不上，下面贤达两字是不是也跟着勾销呢？如虽入政府而仍为贤达，何以并没有创立"政府贤达"这一名词呢？第三，社会这一词的定义，到底算是和政府的对称呢？还是民间和政府的桥梁呢？如是前者，有几位"贤达"身在江湖，心悬魏阙，和政府本是一家，强冠以社会之谥，未免牛头不对马嘴。如是后者，干脆叫半官或次官好了，用不着扭捏作态，害得有几位在若干场合"犹抱琵琶半遮面"，好不难为情也。

不管怎样，这一名词是已经成为历史的了。有历史癖的我，很想作一番历史上"社会贤达"的考据，替许多未来的新贵找一历史的渊源。

想了又想，历史上实在没有"社会贤达"这东西。勉强附会，以贤达而得官，或虽为贤达而毕生志业仍在做官，甚至闹到喜极而泣，"庙堂初入泪交流"的境界，或则"头在外面"，时蒙召宴垂询之荣，生前可以登报，死后可以刻入墓志铭者，比之于古，其惟"隐士""山人"之流乎？

首先想起的是终南捷径的故事。

《旧唐书》九十四《卢藏用传》："卢藏用，字子潜，度支尚书承庆之侄孙也。父璥有名于时，官至魏州司马。藏用少以辞学著称，初举进士选不调，乃著《芳草赋》以见意。寻隐居终南山（《新书》作与兄微明偕隐终南少室二山），学辟谷练气之术。长安中（公元七〇一至七〇五）征拜左拾遗。……景龙中（公元七〇七至七〇九）为吏部侍郎。藏用性无挺特，多为权要所逼，颇堕公道。又迁黄门侍郎，兼昭文馆学士，转工部侍郎尚书右丞。先天中（公元七一二）坐托附太平公主，配流岭表。（《新书》作附太平公主，主诛，玄宗欲捕斩藏用，顾未执政，意解，乃流新州。）开元初起为黔州都督府长史兼判都督事，未行而卒。（《新书》作卒于始兴。）藏用工篆隶，好琴棋，当时称为多能之士。（《新书》作藏用善蓍龟九宫术，工草隶大小篆八分，善琴，弈思精远，士贵其多能。）然初隐居之时，有贞俭之操，往来于少室终南二山，时人称为随驾隐士。及登朝，趋赴诡佞，专事权贵，奢靡淫纵，以此获讥于世。"（《新书》作："始隐山中时，有意当世，人目为随驾隐士。晚乃徇权利，务为骄纵，素节尽矣。司马承祯尝召至阙下，将还山，藏用指终南曰，此中大有嘉处，承祯徐曰，以仆视之，仕宦之捷径耳！藏用惭。"）

这故事是非常现实的。叔祖作过大官，父亲也作地方小官，学会了诗词歌赋，又会卜卦算命写字，加上琴呀，棋呀，样样都会，够得上是名士了。偏偏官星不耀，作不了官，于是写一篇赋，自比为芳草，哀哀怨怨，搔首弄姿，怪没有识货的来抬举。不料还是白操心，于是只好当隐士了。隐得太远太深，怕又和朝堂脱了节，拣一个靠近长安的，"独上高山望帝京"。再拣一个靠洛阳的，以便皇帝东幸时跟着走。"随驾隐士"一词实在妙不可言，其妙相当于现在的上海和庐山，两头总有一个着落。隐了几年，跟了几年，名气有了，盛朝圣世是应该征举遗逸的，于是得了"社会贤达"之名而驰马奔命，赶进京师"初入朝堂"了。

苦了几年，望了几年，不料还是小官，于是只好奔走权贵，使出满身解数巴上了太平公主，从此步步高升，要不是闹政变，眼见指日拜相执政了。

临了，被司马承祯这老头开了一个玩笑，说终南山是仕官捷径。其实卢藏用也真不会在乎，他不为仕官，又上终南山去则甚？编《旧唐书》的史官，也太过糊涂了，似乎他以为卢藏用在作"随驾隐士"时颇有贞俭之操。到作了官才变坏。其实并不然。反之，趋跄诡佞，专事权贵，奢靡淫纵，才是他的本性。在山中的"贞俭"是无可奈何的，试问在山中他不贞俭，能囤积松木泉水不成？而且，如不贞俭，又如何能得社会贤达之名，钻得进朝堂去？

从这一历史故事看，"社会贤达"一词和"终南捷径"正是半斤八两，铢两悉称。

卢藏用这一着灵了，到宋朝种放也照样来一套。

《宋史》卷四五七《种放传》："种放名逸，河南洛阳人。每往来嵩华间，慨然有山林意。与母俱隐终南豹林谷之东明峰，结草为庐，仅庇风雨，以讲习为业。从学者众，得束脩以养母。母亦乐道，薄滋味。……粮糗乏绝，止食芋粟。……自豹林抵州郭七十里，徒步与樵人往返。"可见他原来是穷苦人家，可是到了隐居成名又作大官，又兼隐士的差的时候，便完全不同了。"太宗嘉其节，诏京兆赐以缗钱，使养母不夺其志，有司岁时存问。咸平元年（公元九九八）母卒，诏赐钱三万，帛三十匹，米三十斛以助其丧。四年赍装钱（旅费）五万，赐帛百匹，钱十万。又赐昭庆坊第一区，加帷帐什物，银器五百两，钱三十万。还山后仍特给月奉。"钱多了，立刻成大地主，《宋史》说他："晚节颇饰舆服，于长安广置良田，岁利甚博。亦有强市者，遂至争讼。门人族属，依倚恣横。徙居嵩山，犹往来终南，按视田亩，每行必给驿乘，在道或亲诟驿吏，规算粮具之直。"简直是个土豪劣绅了。

种放之移居嵩山，是被当地地方官王嗣宗赶走的。《宋史》卷二百八十七《王嗣宗传》："嗣宗知永兴军府（长安），时种放得告归山，嗣宗逆于传舍，礼之甚厚。放既醉，稍倨。嗣宗怒，以语讥放。放曰，君以手搏得状元耳，何足道也。初嗣宗就试讲武殿，搏赵昌言帽擢首科，故放及之。嗣宗愧恨，因上疏言，所部兼并之家，侵渔众民，凌暴孤寡凡十余族，而放为之首。放弟侄无赖，据林麓樵采，周回二百余里，夺编氓厚利。愿以臣疏下放，赐终南田百亩，徙放嵩山。疏辞极于诟辱，至目放为魑魅。真宗方厚放，令徙居嵩阳避之。"嗣宗极为高兴，把他生平所作的事——掘邠州狐穴，发镇州边肃奸贼，和徙种放为除三害。

种放比卢藏用高明的地方，是又作大官，又保留隐士的身分。他的老朋友陈尧叟在朝执政，陈家是大族，脚力硬，想作官时求陈尧叟向皇帝说一声，来一套征召大典，风风光光去作官。过一阵子又说不愿作官了，还是回山当隐士。于是皇帝又大摆送行宴，送盘缠服装。到山后，地方官还奉命按时请安，威风之至。再过一阵子，官瘾又发了，又回朝，隔一晌又还山。反正照样拿薪水，并不折本。而且，还山一次再回朝，官就高一次，又何乐而不为！凑上宋真宗也是喜欢这一套，弄个把隐士来点缀盛世的。一唱一和，大家都当戏作，这中间只害了老实人王嗣宗，自发一顿脾气。

从这一历史故事看，作官和作隐士并不冲突，而且相得益彰。当今的社会贤达，已经上了戏台的和正在打算上戏台彩排的，何妨熟读此传，隔天下台了，还可以死抱住"社会贤达"的本钱不放，哇啦啦大喊，一为社会贤达，生死以之，海可枯，石可烂，此名不可改。

奴隶翻身的史例

有一句旧话："多行不义，必自毙。"

另一句旧话："千夫所指，无疾自死。"

自从各地报纸揭露了现政府准备在六月一日（三十五年）施行警员警管区制以后，反对的呼声何止千夫万夫，除了"多行不义"主张这制度的少数"顽固分子"以外，谁不反对，谁不抗议！又有谁肯丧心病狂，敢于公开赞许，支持这一恶劣到极点，阴险到极点，无耻到极点，也愚蠢到极点，统治者自掘坟墓的恶制度。

这制度是永远不容许实行的，因为人民不许可。

这制度是不可能实行的，因为人民已经觉醒了，这时代不再是法西斯野兽所憧憬的野蛮时代。

然而，居然有人敢于提出这超野蛮的制度，把人民窒杀，把无声的中国压制成无人的中国。

这事实说明了人民的威力已经空前地强大，民主的洪流必然要把这些少数"多行不义"者，或"顽固分子"连根冲刷掉。警管区制度正是这"人类的渣滓"妄想用以自救的最后一手。

这最后一手正如历史上周厉王的监谤。

奴隶主不许受苦难、被剥削损害的奴隶说话，即使是抱怨也不许，更不用说抗议。

有人告诉他，防民之口，甚于防川。人民的嘴堵不住，正如大河的水堵不住一样。

奴隶主不信，叫卫巫（特务头儿）派人监视每一个人，当然包括监视被监视人的经济收入，门窗开关，道路情形，亲朋交往以及思想什么的，按时送报告，可疑的处以流、杀之刑。

杀的人愈多，不平的人愈多，说话的人也更多。

终于黄河大决口，一股洪流把卫巫和奴隶主，一起冲刷掉。历史告诉我们，奴隶主对付奴隶镇压奴隶，是用过类似今天所谓警管区的办法的。结局呢？明白得很，中国人民都知道这故事的结尾，也明白如何造成这结尾。

这最后一手正如蒙古王朝箝制汉人的"甲主制"。

蒙古族是少数民族，连男女不过几十万成员，却征服了中国，把几千万的汉人当作奴隶看待。

当然，蒙古人是无所爱于汉人的。征粮、征兵，要银子，要票子，要房子，要车子（是马车、牛马，不是汽车），要女子，如今的五子登科这一套，蒙古人全会。

刮民刮得太狠，生怕汉人有一天团结起来把蒙古王朝冲刷掉。

于是，来一手"甲主制"。比周厉王的办法更进步，更毒辣。

办法是这样的。

一、征发汉人所有的马匹和兵器，解除人民的武装，这也许可以叫作"统一"吧？可以叫作"军队国家化"吧？人民没有武力，自然只好听凭外族奴隶主宰割屠杀了。

二、设立里甲主制，编二十家为甲，每一甲以蒙古人为甲主，严密侦察管辖区内的汉人。二十家等于一百人。也就是说每一甲主管二十家或一百人。里甲可以今译为警管区，甲主当然也可以今译为警员。甲主对这二十家的权力据徐大焯《烬余录》说是"衣服饮食惟所欲，童男少女惟所命"。意思明白极了，要衣服给衣服，要饮食给饮食，要女子半夜里随便可以开门入室，"不许深夜扰民，然而如遇必要，亦视情形而定"。

三、颁布戒严令，据《元典章·禁夜条》，"一更三点钟声绝，禁人行，五更三点钟声动，听人行"。在戒严时间内，甲主是可以随便到人家访问的。

四、禁止集会结社。《元史·刑法志》记，禁止集众祠祷，禁止祈神结社，禁止集场买卖，理由是"江南初定之时，为恐人心未定，因此防禁"。这是《元典章》的话。至于定了多久以后才解除这禁令呢？《元史》《元典章》全没有说，大概是一直禁到蒙古王朝的末日吧？

五、划分军区，以军力分区镇压。《经世大典》说："以蒙古军屯河洛山东，据下腹心。以汉军探马赤军（伪军）戍江淮之南以尽南海，间亦厮以新附军。蒙古军即营以家，余军岁时践更，皆有成法，江南三行省凡设戍兵六十三处，戍地历百年不改。"这制度大概也可以今译为什么军管区、绥靖公署或行营之类吧？

够了，这是蒙古王朝镇压征服地的一整套。

够严密了，够毒辣了。然而从文天祥起到韩林儿、朱元璋，几十年中人民的力量始终不曾被压服，压力愈重，反抗也愈力，前仆后继，百折不回。到一三五〇年左右，整个民族团结起来了，把蒙古帝国拦腰切断，一三六八年终于赶走蒙古人，推翻了甲主制这一整套！

历史告诉我们，征服者对付征服地人民，镇压征服地人民，是用过类似今天所谓"警管区"这一套的办法的。结局呢？明白得很，中国人民都知道这故事的结尾，"中秋杀鞑子"，也明白如何造成这结尾。

奴隶翻身的史例，告诉了人民奴隶尚且翻了身，被异族统治的准奴隶尚且翻了身，何况今天的人民是中华民国道道地地的主人！

关于魏忠贤

一 生祠

替活人盖祠堂叫作生祠，大概是从那一个时代父母官"自动"请老百姓替他立长生禄位而扩大之的。单有牌位不过瘾，进一步而有画像，后来连画像也不够格了，进而为塑像。有了画像塑像自然得有宫殿，金碧辉煌，初一十五文武官员一齐来朝拜，文东武西，环珮铿锵，口中念念有词，好不风光，好不威武。

历史上生祠盖得最多的是魏忠贤，盖得最漂亮的是魏忠贤的生祠，盖得最起劲的是魏忠贤的干儿子、干孙子、干曾孙子、重孙子、灰孙子。

据《明史·魏忠贤传》说，天启六年（公元一六二五）魏忠贤大杀反对党，周起元、高攀龙、周宗建、缪昌期、周顺昌、黄尊素、李应昇一些东林党人一网打尽之后，修"三朝要典"（《东林罪状录》），立"东林党人碑"之后，浙江巡抚潘汝桢奏请为忠贤建祠。跟着是一大堆官歌颂功德。于是督抚大吏阎鸣泰、刘诏、李精白、姚宗文等抢先建立生祠。风气一成，连军人，作买卖的流氓棍徒都跟着来了，造成一阵建祠热，而且互相比赛，越富丽越好。地皮有的是，随便圈老百姓的，材料也不愁，砍老百姓的。接着道统论也被提起了，监生陆万龄建议以魏忠贤配享孔子，忠贤的父亲配享启圣公。又谁敢说个不字？

当潘汝桢请建生祠的奏本到达朝廷后，御史刘之待签名迟了一天，立刻革职。苏州道胡士容不识相，没有附和请求，遵化道耿如杞入生祠没有致最敬礼——下拜，都下狱判死刑。

据《明史·阎鸣泰传》，建生祠最多的是少师兼太子太师、兵部尚书阎鸣泰，在蓟辽一带建了七所。在颂文里有"民心归依，即天心向顺"的话。

潘汝桢所建忠贤生祠，在杭州西湖，朝廷赐名普德。

这年十月孝陵卫指挥李士才建忠贤生祠于南京。

次年正月宣大总督张朴、宣府巡抚秦士文、宣大巡按张素养建祠于宣府和大同。应天巡抚毛一鹭、巡按王拱建祠于虎丘。

二月阎鸣泰又和顺天巡抚刘诏、巡按倪文焕建祠于景忠山。宣大总督张朴又和大同巡抚王点、巡按张素养在大同建立第二个生祠。

三月阎鸣泰又和刘诏、倪文焕、巡按御史梁梦环建祠于西密云丫髻山，又建于昌平、于通州。太仆寺卿何宗圣建于房山。

四月阎鸣泰和巡抚袁崇焕建祠于宁前。张朴和山西巡抚曹尔祯、巡按刘弘光又建于五台山。庶吉士李若琳建于蕃育署，工部郎中曾国桢建于芦沟桥。

五月通政司经历孙如洌、顺天府尹李春茂建祠于宣武门外，巡抚朱童蒙建于延绥，巡视五城御史黄宪卿、王大年、汪若极、张枢智建于顺天，户部主事张化愚建于崇文门外，武清侯李诚铭建于药王庙，保定侯梁世勋建于五军营、大教场，登莱巡抚李嵩、山东巡抚李精白建于蓬莱阁宣海院，督饷尚书黄运泰、保定巡抚张凤翼、提督学政李蕃、顺天巡按倪文焕建于河间、于天津，河南巡抚郭增光、巡按鲍奇谟建于开封，上林监丞张永祚建于良牧嘉蔬林衡三署，博平侯郭振明建于都督府、于锦衣卫。

六月总漕尚书郭尚友建祠于淮安。顺天巡按卢承钦、山东巡按黄宪卿、顺天巡按卓迈，也在六月分别在顺天山东建祠。

七月长芦巡盐龚萃肃、淮扬巡盐许其孝、应天巡按宋祯汉、陕西巡按庄谦建祠于长芦淮扬应天陕西等地。

八月总河李从心、总漕郭尚友、山东巡抚李精白、巡按黄宪卿、巡漕何可及建祠于济宁。湖广巡抚姚宗文、郧阳抚台梁应泽、湖广巡按温皋谟建祠于武昌、于承天、于均州。三边总督史永安、陕西巡按胡建晏、巡按庄谦、袁鲸建于固原大白山。楚王朱华奎建于高观山，山西巡抚牟志夔、巡按李灿然、刘弘光建于河东。

踊跃修建的官员，从朝官到外官，从文官到武官，从大官到小官，到亲王勋爵，治河官，卖盐官，没有一个不争先恐后，统一建生祠。

建立的地点从都城到省城，到名山，甚至都督府、锦衣卫、五军营等军事衙门，蕃育署、上林监等宫廷衙门，甚至建立到皇城东街。只要替魏忠贤建生祠，没有谁可以拦阻。

每一祠的建立费用，多的要数十万两银子，少的也要几万两，合起今天的纸币要以多少亿计。

开封建祠的时候，地方不够大，毁了民房二千多间，用渗金塑像。

都城几十里的地面，到处是生祠。上林苑一地就有四个。

延绥生祠用琉璃瓦，蓟州生祠金像用冕旒。南昌建生祠，毁周程三贤祠，出卖澹台灭明祠作经费。

督饷尚书黄运泰迎像，用五拜三稽首礼，立像后又率文武将吏列阶下五拜三稽首。再到像前祝告，某事幸亏九千岁（这些魏忠贤的党羽子孙称皇帝为万岁，忠贤九千岁）扶持，行一套礼，又某事蒙九千岁提拔，又行一套礼。退还本位以后，再行大礼。又特派游击将军一人守祠，以后凡建祠的都依例派专官看守。

国子监生（大学生）陆万龄以孔子作《春秋》，忠贤作《要典》，孔子杀少正卯，忠贤杀东林党人，应在国学西建生祠和先圣并尊。这简直是孔子再世，道统重光了。国子司业（大学校长）朱之俊接受了这意见，正预备动工，不凑巧天启皇帝驾崩，政局一变，魏忠贤一下子从云端跌下来了。

崇祯帝即位，魏忠贤自杀。崇祯二年（公元一六二九）三月定逆案，全国魏忠贤生祠都拆毁，建生祠的官员也列名逆案，依法处刑。

《三朝要典》的原刻本在北平很容易见到，印得非常考究，大有翻印影印流传的必要。

魏忠贤的办公处东厂，原来叫东厂胡同，从沙滩一转弯便是。中央研究院北平办事处在焉，近来改为东昌胡同了，不知是敌伪改的，还是最近改的。其实何必呢？魏忠贤之臭，六君子的血，留着这个名词让北平市民多想想也是好的。

二　义子干孙

魏忠贤不大识字，智力也极平常。他之所以能弄权，第一私通熹宗的奶妈客氏，宫中有内线。熹宗听客氏的话，忠贤就可以为所欲为。第二是熹宗庸呆，十足的阿斗，凡事听凭忠贤作主张。

光是这两点，也不过和前朝的刘瑾、冯保一样，还不至于起党狱，开黑名单，建生祠，称九千岁，闹得民穷财尽，天翻地覆。原因是第一，政府在他手上，首相次相不但和他合作，魏广微还和这位太监攀通家，送情报，居然题为内阁家报。其二是，他有政权，就能养活一批官，反正官爵都出于朝廷，俸禄都出于国库。凡要官者入我门来，于是政权军权合一，内廷外廷合一。魏忠贤的威权不但超过过去任何一个宦官，也超过任何一个权相，甚至皇帝。

《明史》说，内外大权，一归忠贤。内竖（宦官）自王体乾等外，又有李朝钦、王朝辅、孙进、王国泰、梁栋等三十余人为"左右拥护"。外廷文臣则崔呈秀、田吉、吴淳夫、李夔龙、倪文焕主谋议，号"五虎"。武臣则田尔耕、许显纯、孙云鹤、杨寰、崔应元主杀戮，号"五彪"。又吏部尚书周应秋、太仆卿曹钦程等号"十狗"。又有"十孩儿""四十孙"之号。而为呈秀辈门下者又不可数计。

"虎""彪""狗"都是魏忠贤的义子。举例说，崔呈秀在天启初年巡按淮扬，贪污狡狯，不修士行，看见东林正红得发紫，想尽方法要挤进去，被拒不纳。四年还朝，都察院都御史高攀龙尽列他在淮扬的贪污条款，提出弹劾。吏部尚书赵南星批定充军处分。朝命革职查办。呈秀急了，半夜里到魏忠贤家叩头乞哀，求为养子。结果呈秀不但复职，而且升官，不但升官，而且成为忠贤的谋主，残杀东林的刽子手了。两年后作到兵部尚书兼都察院左都御史。儿子不会作文也中了举，兄弟作浙江总兵官，女婿呢，吏部主事，连姨太太的兄弟、唱小旦的也作了密云参将。

其他四"虎"，吴淳夫是工部尚书，田吉兵部尚书，倪文焕太常卿，李夔龙副都御史。都是呈秀拉纤拜在忠贤门下当义子的。

十狗中如曹钦程，《明史》本传说："由座主冯铨父事魏忠贤为十狗之一。于群小中尤无耻，日夜走忠贤门，卑谄无所不至，同类颇羞称之。"到后来，连魏忠贤也不喜欢他了，责以败群革职，可是此狗在被赶出门时，还向忠贤叩头说："君臣之义已绝，父子之恩难忘。"大哭一场而去。忠贤死后，被处死刑，关在牢里等行刑，日子久了，家人也厌烦，不给送饭。他居然有本领抢别人的牢饭，成天醉饱。李自成陷北京，破狱出降。自成失败西走，此狗也跟着，不知所终。

十孩儿中有个石三畏，闹了个不大不小的笑话。有一天某贵戚请吃饭，在座的有魏忠贤的侄儿魏良卿。三畏喝醉，点戏点了《刘瑾醉酒》，犯了忌讳。忠贤大怒，立刻革职回籍。忠贤死后，他还借此复官，到头还是被弹劾免职。

这一群虎狗彪儿孙细按本传，有一个共通的特征，几乎没有一个不是贪官污吏。

例外的也有：如造《点将录》的王绍徽，早年"居官强执，颇以清操闻"。还有作《春灯谜》《燕子笺》，文采风流，和左光斗诸人交游的阮大铖，和叶向高同年友好的刘志选，以及《玉芝堂谈荟》作者的徐应秋，都肩着当时"社会贤达"的招牌，颇有名气的，只是利欲熏心，想作官，想作大官，要作官迷得发了疯，一百八十度一个大转弯，拜在魏忠贤膝下，终至身败名裂，在《明史》里列名《阉党传》。阮大铖在崇祯朝寂寞了十几年，还在南京冒充东林，附庸风雅，千方百计要证明他是东林，千方百计要洗去他当魏珰干儿的污渍，结果被一批年青气盛的东林子弟出了留都防乱揭，"鸣鼓而攻之"，落得一场没趣。孔云亭的《桃花扇》真是妙笔奇文，至今天读了，还觉得这付嘴脸很熟，如闻其声，如见其人。

三 黑名单

黑名单也是古已有之的，著例还是魏忠贤时代。

《明史·魏忠贤传》说："天启四年（公元一六二四）忠贤用崔呈秀为御史。呈秀造《天鉴》《同志》诸录，王绍徽亦造《点将录》，皆以邹元标、顾宪成、叶向高、刘一燝等为魁，尽罗入不附忠贤者，号曰东林党人，献于忠贤。忠贤喜。于是群小益求媚忠贤，攘臂攻东林矣。"

替魏忠贤造名单的，有魏广微、顾秉谦，都是大学士（宰相）。名单有黑红两种，《明史·顾秉谦传》说："广微和秉谦谋，尽逐诸正人，点《缙绅便览》一册，如叶向高、韩爌、何如宠、成基命、缪昌期、姚希孟、陈子壮、侯恪、赵南星、高攀龙、乔允升、李邦华、郑三俊、杨涟、左光斗、魏大中、黄尊素、周宗建、李应昇等百余人目为邪党，而以黄克缵、王永光、徐大化、贾继春、霍维华等六十余人为正人。由阉人王朝用进之，俾据是为黜陟。忠贤得内阁为羽翼，势益张。秉谦、广微亦曲奉忠贤，若奴役然。"

《缙绅便览》是当时坊间出版的朝官人名录。魏广微、顾秉谦根据这名单来点出正人邪人，必定是用两种颜色，以今例古，必定是红黑两种颜色，是可以断言的。

崔呈秀比这两位宰相更进一步，抄了两份。一份是《同志录》，专记东林党人，是该杀该关该革职的该充军的。另一份是《天鉴录》，是东林的仇人，也就是反东林的健将，是自己人。据《明史·崔呈秀传》说："忠贤凭以黜陟，善类为一空。"

《明史·曹钦程传附卢承钦传》："承钦又向政府提出，东林自顾宪成、李三才、赵南星而外，如王图、高攀龙等谓之副帅，曹于汴、汤兆京、史记事、魏大中、袁化中谓之先锋，丁元荐、沈正宗、李朴、贺烺谓之敢死军人，孙丕扬、邹元标谓之土木魔神，请以党人姓名榜示海内。忠贤大喜，敕所司刊籍，凡党人已罪未罪者悉编名其中。"这又更进一步了，不但把东林人列在黑名单上，而且还每人都给一个绰号、匪号，其意义正如现在一些刊物上的闻一多夫、罗隆斯基同。

王绍徽，魏忠贤用为吏部尚书，仿民间《水浒传》，编东林一百另八人为《点将录》献上，令按名黜汰，以是越发为忠贤所喜。绍徽也名列《明史·阉党传》。

这几种黑名单十五六年前都曾读过，记得最后一种《点将录》，李三才是托塔天王，黄尊素是智多星，每人都配上《水浒传》里的绰号，而且还分中军左军右军，天罡地煞，很整齐。似乎还是影印本。可惜记忆力差了，再也记不起在什么丛书中见到。可惜！可惜！

历史上的国民身份证

传·过所·路引

一

今天在各地所施行的国民身份证制度，尽管立法的人是自以为学的"先进"国家的衣钵，其实，仔细研究一下，形式虽欧化，骨子里的精髓，却道道地地是东方的，有其历史上的根源，我的意思是说，这一套办法确是两千年来的统治术的复活，旧内容，新形式。

我愿意以历史学者的立场，对这问题加以历史的探索。

从历史上来考研身份证制度，这东西古代叫作传，唐代叫作过所，宋代称为公凭，明代则名为路引。凡外国人入境，本国人从甲地到乙地，都必须随身携带，证明他的身份职业，行李多少和旅行目的，尤其是年龄，在征兵制度下，合于兵役年龄的壮丁，是不许可无故离开所属的兵役区的，没有身份证的，不是罪犯，便是逃兵，关津不许通过。君权的支柱之一是军队，身份证是保障兵源的重要措施；君权的永固必须铲除异己的力量，无论是思想上或行动上的反对者，身份证恰恰保证了这一点。明代军民分开，路引制度的重点就特重在防闲人民，把人民圈禁在土地上，使之不能动弹反侧这一措施上。

二

王国维《简牍检署考》："传信有二种，一为出入关门之传，郑氏《周礼注》所谓若今过所文书是也。"《周礼·地官司徒》郑《注》："传如今过所文书，当载人年几及物多少，至关至门，皆别写一通入关家门家，乃案勘而过，其内出者义亦然。"崔豹《古今注·记传之形制》说："凡传皆以木为之，长五寸，书符信于上，又以一板封之，皆封以御史印章，所以为信也，如今之过所也。"《汉书·文帝纪》："十二年（公元前一六八）三月除关无用传"，注："张晏曰：传，信也，若今过所也。如淳曰：两行书帛，分持其一，出入关合之乃得过，谓之传也。李奇曰：传，棨也。师古曰：张说是也。古者或用棨，或用缯帛，棨者刻木为合符也。"由此知古代之传，即后代之过所，传有两种，一种用木，一种用帛，都有正副两份。

汉代的传，或用或废，前后不一，文帝十二年废传，景帝时复置，武帝初年又废，《汉书·窦婴传》说："文帝时除关无用传，景帝四年（公元前一五三）以七国反复置。武帝时窦婴为丞相，复除之。"婴死后，又恢复了。《终军传》说："年十八选为博士弟子，从济南当诣博士，步入关，关吏予军缯，军问以此何为？吏曰：为复传，还当以合符。军曰：大丈夫西游，终不复传还，弃缯而去。军为谒者，使行郡国，建节东出关，关吏识之曰：此使者乃前弃缯生也。"窦婴以汉武帝建元元年为丞相，元光四年死（公元前一四〇至前一三一），除传当是这十年内的事。终军年十八为博士弟子，元朔五年（公元前一二四）六月置博士弟子五十八。死时年二十余，故世谓之终童。军入关至长安上书言事，拜为谒者给事中，从上幸雍，祠五畤，获白麟一角而五蹄。由是改元为元狩（公元前一二二）。军入关时已复用传，知复传当在元朔五年以前。《汉书》注："张晏曰：

繻音须，繻，符也。书帛裂而分之，若券契矣。苏林曰：繻，帛边也。旧关出入皆以传，传烦，因裂繻头，合以为符信也。"复传，师古注曰："复，返也，谓返出关，更以为传。"由此知汉武帝复传以后，传的形制渐趋简单化，过关才用，管传的便是关吏。又知平民出入关用传，朝廷使者杖节出入，便用不着了。这制度似乎到东汉还因仍旧贯，《后汉书·郭丹传》说："后从师长安，买符入函谷关。乃慨然叹曰：丹不乘使者车，终不出关。"注："符即繻也，买符非真符也。《东观纪》曰：丹从宛人陈洮买入关符，既入关，封符乞入也。"和终军的故事一样，所不同的是终军是地方保送到长安受学的博士弟子，有官方的证明文件，关吏无条件予繻。郭丹则是以私人身份入关，而入关是要证明的，得想法从宛人陈洮买繻。从买字说，必定得付一笔钱，也是可想而知的。

隋代叫传作公验，《隋书》二《文帝纪》："开皇十八年（公元五九八）九月庚寅敕，客舍无公验者，坐及刺史县令。"

唐代叫作过所，定制最为详密。《旧唐书·职官志》："尚书刑部司门郎中，员外郎（各一人）之职，掌天下诸门及关出入往来之籍，赋而审其政。关所以限中外，隔华夷，设险作固，闲邪正禁者也。凡关呵而不征。凡度关先经本部本司请过所，在京则省给之，在州则州给之，而虽非所部，有来文者所在亦给（出塞逾月者给行牒，猎手所过给长籍，三月一易）。"括弧内用《新唐书·百官志》补。地方则有户曹司户参军，专掌户籍计帐，道路过所。关有关令，凡行人车马出入往来，必据过所以勘之。《唐律疏议·卫禁》："诸私度关者徒一年，越度者加一等（不由门为越）。疏议曰：水陆等关，两处各有关禁。行人来往，皆有公文，谓驿使验符券，传送据递牒，军防丁夫有总历，自余各请过所而度。若无公文私从关门过，合徒一年。越度者谓关不由门，津不由济而度者，徒一年半。诸不应度关而给过所（取而度者亦同），若冒名请过所而度者，各徒一年。疏议曰：不应度关者，谓有征役番期及罪谴之类，皆不合辄给过所，而官司辄给，及身不合度关而取过所度者，若冒他人名请过所而度者，徒一年。"过所必需本人执用，如家人相冒，杖八十。主司及关司知情，各与同罪。甚至家畜出入亦需请过所。诸关津度人，无故留难者，一日主司笞四十，一日加一等，罪止杖一百。若军务急速而留难不度，致稽废者，自从所稽废重论。诸私度有他罪重者，主司知情，以重者论。疏议曰：或有避死罪逃亡，别犯徒以上罪，是名有他罪重，关司知情者，以故纵罪论，各得所度人重罪。到宝应元年（公元七六二）因军务关系，又令骆谷、金牛、子午等路，往来行客所将随身器仗，今日以后，除郎官御史诸州部统进奉等官，任将器械随身，自余私客等，皆须过所上具所将器械色目，然后放过。如过所上不具所将器械色目数者，一切于守捉处勒留。（《唐会要》八十六《关市》）

唐过所形制，据日本《三善清行智证大师传》所录圆城寺所藏《圆珍过所》，依原来的款式，移录如下：

越州都督府

　　日本国内供奉　敕赐紫衣僧圆珍年四十三行者丁满年五十驴两头并随身经书衣钵等
　　上都已来路次检案内人贰驴两头并经书衣钵等
　　得状称仁寿三年七月十六日离本国大中七年九月十四日到
　　唐国福州至八年九月廿日到越州开元寺听习今欲
　　略往两京及五台山等巡礼求法却来此听读恐
　　所在州县镇铺关津堰寺不练行由伏乞给往
　　还过所勘得开元寺三纲僧长泰等状同事
　　须给过所者准给者此已给讫幸依勘过
　　大中玖年叁月拾玖日　给
　　　　　　　　府

　　功曹参军　　　史
　　　　　　　　　丞
　　潼关六月十五勘入

仁寿是日本文德天皇年号，仁寿三年当唐宣宗大中七年，公元八五三年。

唐末扰乱，政府统治力量一天比一天不行，过所制度也自然而然的破坏了。梁开平三年（公元九〇九）政府想重新整顿，加强控制，特派宰相专管，《五代会要》十六《司门》："十月敕：过所先是司门郎中员外郎出给，今寇盗未平，恐漏奸诈，宜令宰臣赵光逢专判。凡出给过所，先具状经中书点检判下，即本司郎中据状出给。"到后汉乾祐元年（公元九四八）又敕："左司员外郎卢振奏，请应有经过关津州府诸色人等，并须于司门请给公验，令所在辨认，方可放过，宜依所陈，颁示天下。"据《旧五代史·杨邠传》："邠既专国政，自京师至诸州府行人往来，并须给公凭。所由求请公凭者，朝夕填咽。旬日之间，民情大扰，行路拥塞。邠乃止其事。"公凭《新五代史》作过所。乾祐上距开平，不过四十年，乾祐的办不通，那末，开平的怕也是纸面文章吧。宋代继承杨邠的办法，也叫公凭，使用的人似乎以商旅为最多，李焘《续资治通鉴长编》一〇六："天圣六年（公元一〇二八）九月癸丑，益州钤辖刘承颜言：商旅入川无公凭者，多由葭萌私路往，请如剑门置关，仍令逐处给公凭，至者察验之。谓从其请。"便是一例。

从汉唐两代的制度推测，据唐律，有征役番期及罪谴之人，皆不合给过所，可以知道过所的主要作用，是防止军士或后备军的逃亡，附带的才是罪人或逃犯的度越。汉行征兵制，唐行府兵制，传或过所必须载明身份年龄籍贯，为的是防止合龄壮丁军伍的逃匿，是保障兵源的重要步骤。汉末征兵制度破坏，代以募兵，晋后期藩镇割据，朝廷和藩镇都以募兵作战，由此，也可以了解从汉末到魏晋南北朝这一段，和唐末到元这一长时期，关于身份证制度记载不详的原因了。

三

公凭在明代叫作路引,军民往来,必凭路引,违者关津擒拿,按律治罪。

假如汉唐的传和过所,目的是偏重在保障兵源的话,那末,明代的路引,用意是偏重在箝制、束缚、管辖和镇压人民。

要明白明代路引制度的作用,最好用创立这制度的人自己的话来说明。明太祖在洪武十九年(公元一三八六)颁行的《御制大诰续编》里几次提到路引。他要四民各安其业,特别指出要互知丁业,也就是互相监视,训词说:"先王之教,其业有四曰:士农工商。昔民从教,专守四业,人民大安。异四业而外乎其事,未有不堕刑宪者也。朕本无才,曰先王之教,与民约告,诰出,凡民邻里,互相知丁,互知务业,俱在里甲。县府州务必周知,市村绝不许有逸夫。若或异四业而从释道者,户下除名。凡有夫丁,除公占外,余皆四业,必然有效。若或不遵朕教,或顽民丁多及单丁不务生理,捏巧于公私,以构患民之祸,许邻里亲戚诸人等,拘拿赴京,以凭罪责。若一里之间,百户之内,见诰仍有逸夫,里甲坐视,邻里亲戚不拿其逸夫者,或于公门中,或在市间里,有犯非为,捕获到官,逸夫处死,里甲四邻,化外之迁,的不虚示!"人人都安于四业,才好统治。所谓逸夫,是不务四业之人,专会煽惑鼓动,不说"明王出世",就喊"弥勒降生",像元末传播革命的彭莹玉、韩山童、郭子兴和他自己,都是好例子。要清除这类危险分子,必须知丁,如何知丁?"知丁之法,某民丁几?受农业者几,受士业者几,受工业者几,受商业者几。"也就是调查户口,这一项他已经花了十几年功夫,调查停当。作了户帖(户口卡片)和黄册(户口调查清册),并且把户口编成里甲,十户为甲,十甲为里,甲有甲长,里有里长,头头是道了。问题是如何才能保证每一丁都是安分良民呢?一个方法是互相监视,"且欲士者志于士,进学之时,师友某氏,习有所在,非社学则入县学,非县必州府之学,此其所以知士丁之所在。

已成之士为未成士之师，邻里必知生徒之所在，庶几出入可验，无异为也"。学生是有学籍的，先生有人看着，也不会有异为，至于农民："农业者不出一里之间，朝出暮入，作息之道互知焉。"大家都彼此知道的，可以放心，这两类人假如要出门，离家百里之外，就必得有路引来证明身份。至于工人和商人，流动性较大，"专工之业，远行则引明所在，用工州里，往必知方，巨细作为，邻里探知，巨者归迟，微者归疾，出入有不难见也。商本有巨微，货有重轻，所趋远迩水陆，明于引间，归期艰限其业，邻里务必周知。若或经年无信，二载不归，邻里当觉之询故，本户若或托商在外非为，邻里勿干"。工商人外出，引上是载明远近和水陆路程的，邻里有责任调查明白，过期要向官府报告，才脱得了干系。为什么要这样做呢？是怕"使民恣肆冗杂，构非成祸，身堕刑宪，将不得其死者多矣"。一句话，复杂得很，危险得很。接着他又提出辩验丁引的诰词："此诰一出，自京为始，遍布天下，一切臣民，朝出暮入，务必从容验丁。市村人民舍客之际，辨人生理，验人引目相符而无异。然犹恐托业为名，暗有他为，虽然业与引合，又识重轻巨微贵贱，倘有轻重不伦，所赍微细，必假此而他故也。良民察焉。"验商引物："今后无物引老者（引老是引已过期者），虽引未老，无物可鬻，终日支吾者，坊厢村店拿捉赴官，治以游食，重则杀身，轻则黥窜化外。设若见此不拿，为他人所获。所安（住）之处，本家邻里罪如上。"凡是良民，都要自动辨验生人的引目，要注意引和人相符，和货相符，如有问题，要立刻擒拿赴官，否则，要处连坐之罪。这样一来，就构成了一个全体四民的天罗地网，人人都是侦察调查的对象，"逸夫"就无所逃于天地之间，皇基也就永固了。

根据这原则制定的法律，《弘治会典》一一三："凡军民人等往来，但出百里者，即验文引。凡军民无文引，及内官内使来历不明，有藏匿寺观者，必须擒拿送官。仍许诸人首告，得实者赏，纵容者同罪。"又"凡天下要冲去处，设立巡检司，专一盘诘往来奸细，及贩卖私盐，犯人逃军逃囚，无引面生可疑之人，须要常加提督"。

《明律》十五《兵律》："凡无文引私度关津者，杖八十。关不由门，津不由渡而越度者，杖九十。若越度缘边关塞者，杖一百，徒三年，因而出外境者绞。若军民出百里之外不给引者，军以逃军论，民以私度关津论。"法意和唐律相同，但把军民的活动范围，限于百里之内，也就是把人民的生活圈禁在生长的土地上，法律造成了无形的百里宽广的监狱，则又比汉唐严酷得多了。

这制度就许多史料看来，在明代是被严格执行着的。如《大诰续编·粮长瞿仲亮害民》第二十二："上海县粮长瞿仲亮拘收纳户各人路引，刁蹬不放回家。"由这例子，可见纳粮户没有路引，是不能回家的。如《明太祖实录》八十三："洪武六年（公元一三七三）六月癸卯，常州府吕城巡检司盘获民无路引者，送法司论罪。问之，其人以祖母病笃，远出求医，急故无验。上闻之曰：此人情可矜，勿罪释之。"这一例子又说明了请引要用相当时间。如祝允明《前闻记》："洪武中朝旨开胭脂河，大起工役，先曾祖焕文与焉。时役者多死，先曾祖独生全。工满将辞归，偶失去路引，分该死。"则替政府服役也要路引，失路引且有死罪。《明英宗实录》四十四："正统三年（公元一四三八）七月甲申，湖广襄阳府宜城县知县廖仕奏：诸处商贾给引来县生理，因见地广，遂留恋不归，甚至娶妻生子，结党为非，宜加禁防。事下行在户部，以为宜督责归家，其有愿占籍于所寓以供租赋者，听从之。"陆楫《蒹葭堂杂著》："宗人有欲商贾四方以自给者，听从有司关给路引以行，回籍之日，付本府长史司验引发落，有司附册填注，以凭抚按刷卷类查。"前一例是普通商贾，后一例则是皇家商人了。陆容《菽园杂记》十："成化末年（公元一四七八）京师多盗，兵部尚书余公议欲大索京城内外居民，乃差科道部属等官五十员，分投街巷，望门审验。时有未更事者，凡遇寄居无引者悉以为盗，送系兵马司。"大索即大检查户口，也可译为户口普查，寄居无引者都被捕送官，则可见在原则上，当时的外籍侨寓人也必须有引了。朱国祯《涌幢小品·二十万里寻亲》，记"万历乙亥（公元一五七五）云南大理府太和县人赵重华清路邮于郡太守以出，从丹阳过毗陵，被盗攘其资去，所遗者独胸囊路邮耳"。又卷十二："陈淡，江都人，尝按云南……遣人诣其家文书匣检阅，有江西贩客路引。"张居正《张文忠公集》书牍十二《答台长陈楚石》："巡检官职虽卑，关系甚重，此官若得其职，则诘盗察奸，功居地方有司之半，非浅鲜也。况近奉旨清查路引，严关隘，则此官尤当加意者，亟宜题请修复。"从这三个例子看来，一直到十六世纪后期，路引制度还是明朝政府所奉行的控制人民的统治术，张居正作宰相，甚至还着实的整顿了一下。

明代的引也像汉代一样，是要付钱买的，《大诰·勾取逃军》第二十一："兵部勾取逃军，其布政司府州县贪图贿赂，不将正犯解官，往往拿解同姓名者……父母妻子悲啼送礼……有司刁蹬，不与引行。既而买引，沿途追赶。"得引不容易，管引的官也有拿卖引生利的，《大诰续编·匿奸卖引》第三十八："南城兵马指挥赵兴胜，警巡坊厢，路引之弊赃多，凡出军民引一张，重者（钞）一锭，中者四贯，下者三贯，并无一贯两贯引一张者。其引纸皆系给引之人自备。兴胜却乃具文关支，三年间一十五万有奇，已往七年不追，止追十八年半年纸札，其钞已盈万计。"

因为有引便可保证行旅的安全，关津的查诘，因之就发生空引（空白路引）的问题，不能不用严刑取缔。《大诰三编·空引偷军》第五："所在官民，凡有赴京者，往往水陆赴京，人皆身藏空引，及其至京，临归也，非盗逃军而回，即引逃囚而去。此弊甚有年矣。今后所在有司，敢有出空引者，受者，皆枭令籍没其家。关津隘口及京城各门盘获空引者赏钞十锭，赍引者罪如前，拿有司同罪。"

唯一例外，不需路引的是到京都去告密的地主豪绅，《大诰·文引》第四十六："凡布政司府州县耆民人等赴京面奏事务者，虽无文引，同行人众，或三五十名，或百十名，至于三五百名，所在关津把隘去处，问知而奏，即时放行，毋得阻当。阻者，论如邀截实封律。"

除了大量的军队镇压，除了层层的官僚统制，除了大规模的屠杀，除了锦衣卫和东西厂的特务恐怖，明代还应用自古以来，从传到过所这一套制度，把它发展，严密地组织，以人民为假想敌，强迫人民互知（互相侦察）举发，没有一丝漏洞，构成了窒杀人民，囚禁人民的天罗地网，来维持朱家万世一系专制独裁昏淫残暴的统治，这就是明代的路引制度。

有了这一套，洪武十五年（公元一三八二）明太祖安心的叫户部榜谕两浙江西之民说："为吾民者当知其分。田赋力役出以供上者，乃其分也。能分其分，则保父母妻子，家昌身裕，为仁孝忠义之民，刑罚何由及哉！近来两浙江西之民，多好争讼，不遵法度，有田而不输租，有丁而不应役，累其身以及有司，其愚亦甚矣！曷不观中原之民，奉法守分，不妄兴词讼，不代人陈诉，惟知应役输租，无负官府，是以上下相安，风俗淳美，共享太平之福，以此较彼，善恶昭然。今将谕尔等，宜速改过迁恶，为吾良民，苟或不悛，则不但国法不容，天道亦不容矣。"人民出粮出丁是本分，不出，不但国法不容，连天道也不容。至于为什么要出粮出丁，出了能得什么好处，不但明太祖和他的子孙没有说过，连想也从来没有想到过。

三十六年十二月八日于清华园

哭一多

一

继李公朴先生之后，同学同事同志闻一多先生又惨遭毒手，他的大儿子立鹤，我的学生，才十八岁的青年也被击多枪重伤了。

四天前哭公朴，今天又哭一多，五天内在昆明同一地区，接连发生两桩空前残暴的暗杀案，被杀的都是中国民主同盟的盟员，而且都是同盟的中央执行委员，云南民盟省支部的执行委员，这说明了四项诺言的意义，人权的保障，也说明了现阶段的中国政治！

公朴死了，那样生龙活虎般的人，一个晴天霹雳！

四天之后，一多又倒下了，在今晨看到报上消息的时候，目瞪口呆，欲哭无泪，昏沉了大半天，才能哭出声来。

不能说是悲痛，我的心情已经超过了悲痛，也不能说是愤怒，这两个字实在不够说明我的情绪。我在哭，我在憎恨，在厌恶。

不能说是意外，一两年来经常在传说黑名单的故事，在特种报纸和壁报上经常有谩骂的文字，造谣侮蔑的文字，早知道敌人欲置之死地才甘心的。而且，在公朴被狙以后，昆明市上立刻就有第二号第三号的恫吓，有人劝一多要当心，他说，我已经准备有这一天了。

但是，也不能说是意内，豺狼虎豹的恶毒也有个限度，公朴的尸首还没有冷，万万料不到这样紧接一个之后又一个，发生得这样快，而且是在青天白日！

我不肯哭，但是无法不哭，我哭公朴，哭一多，也在哭我其他能遭受毒手的朋友和同志，我也在哭我自己。

二

我和一多认识，从朋友而同志，不过两三年，虽然过去几年都在联大同事，虽然过去他在清华大学当教授，我在当学生当助教当教员，经常有机会见面。

一多比我迟到云南，他从长沙率领学生步行到昆明。在路上一个多月没有刮胡子，到昆明后，发现胡子长得很体面，索性留起来，成为美髯公，他很得意。去年旅行路南游石林，含着破烟斗，穿一件大棉袍，布鞋，扎脚裤，坐在大石头上歇脚的时候，学生给他拍了一张照，神情极好，喜欢得很，放大了一张，装到玻璃框里，到他家的人，都欣赏照片里的胡子。有一次，第五军军长邱清泉在军部开时事座谈会，吃饭的时候，推他和冯友兰先生上坐，说两位老先生年高德劭。我插了一句，错了，德虽劭而年不高，今年他才四十五岁。

一直到日本投降的那天，在乡下看到了报，立即叫理发匠把胡子剃了，当天下午进城，满院子的孩子们见了，都竖起大拇指，喊"顶好！顶好"。

一部好胡子配上炯炯发光的眼睛，在演讲，在谈话紧张的时候，分外觉得话有分量，尤其是眼睛，简直像照妖镜，使有亏心事的人对他不敢正视。

他为胜利牺牲了胡子，为民主献出了生命，献出了儿子。

天生是一个诗人，虽然有十年不写诗了，在气质上，在情感上，即使在政治要求上，还保留了澈头澈尾的诗人情调。

强烈的正义感，无顾忌到畅所欲言，有话便说，畅到使人起舞，使人猛醒，使人捏一把汗。因为这，他抓住几千几万青年的心，每个青年当他是慈父，是兄，向他诉苦，抱怨，求援，求领导。也因为这，敌人非置之死地不可。

在前年五四的前几个月，为了一桩事，我去看他。那时，他在昆华中学兼任国文教员，每月有一担米，一点钱和两间房子，虽然忙得多，比前些年有一顿没一顿的情况已经好多了。

从此以后，我们成为朋友。

五四这一天，在联大南区十号历史学会所主办的晚会上，他指出古书的毒素，尤其是孔家店，非打倒不可，要里应外合，大家来干。这晚上的盛会建立了近两年来联大民主运动的基础。

之后，几个月，他参加了民主同盟，由于他的热心和努力，立刻成为领导人之一。

热心的情形到这个地步，民盟是没有钱的，请不起人，有文件要印刷时，往往是他自告奋勇写钢版，不管多少张，从头到尾，一笔不苟。

昆明那时还没有公共汽车，私家也无电话，任何文件要找人签名，跑腿的人一多一定是一个。要开会，分头个别口头通知，他担任了一份，挨家挨户跑，跑得一身大汗，从未抱怨过半句。

去年暑假昆中换校长，新校长奉命解一多的聘，不好意思说，只说要加钟点，一多明白了，不说什么，卷起铺盖搬家，恰好联大新盖了几所教职员宿舍，抽签抽中了，搬到了我家的对面。从此成天在一起，无事不谈，也无话不谈，彼此的情形都十分明白。

三

一多的气质是刚性的，肚子里有什么，嘴里说什么，从来藏不住话，而且也受不了气。在乡下住，明白了农民的苦痛，他会气得说不出话。谈到政治上的种种，越谈越多，他会一晚睡不着，辗转反侧到天亮。朋友间一言不合，会得当场吵架，眼睛都红了，口吐白沫。等到误会消释以后，又会握手言欢，自动赔不是。

这两年，经过磨炼太多的忧患，真到了炉火纯青的地步。即使在极不快意的时候，对任何一个来访的朋友，温言悦色，从无倦容。并且，他还有一套说服人的本领，左说右说，连求带劝，一直说到对手同意方甘休。

我和他都有怕开会的毛病，我永远不长进，直到此刻还如此。可是一多，他一天一天在进步，努力克服自己的小资产阶级劣根性，应到的会无有不出席的，而且，也无不终场。

在宿舍三十三家中，一多夫人说我们两家最穷。有时早晨菜钱无办法，彼此通融，一千两千来回转。

五个孩子带一个老女佣，八口之家，每月薪水只够用十天。

两年前他学会了刻图章。

这故事包含了血和泪。

他研究古文字学，从龟甲文到金石文，都下过工夫。有一天朋友谈起为什么不学这一行手艺。他立刻买一把刻字刀下乡，先拿石头试刻，居然行，再刻象牙，云南是流行象牙章的，刻第一个牙章的时候，费了一整天，右手食指被磨烂，几次心灰，绝望，还是咬着牙干下去。居然刻成了。他说这话时，隔了两年了，还含着泪。

以后他就靠这行手艺吃饭，今天有图章保证明天有饭吃。

图章来得少的时候，他着急，为了要挨饿。

图章来得多的时候，更着急，为的是耽误他的工作。

联大分校了，清华复员了，可是他不能走。第一，为了昆明的民主工作需要他主持。第二，为了吃饭，在道路上的几个月中没有图章生意活不了。虽然迟早不免一走，多换一天到底好一天。第三，一家八口有钱尚且困难，一个穷教授，也根本走不了。

这样，他继续留在昆明，被暗杀在昆明。

一多，我也学你的话："你是不会死的！你是永远不会死的。"

闻一多的"手工业"

一多时常苦笑着说:"我是手工业者!"

因为云南出象牙,昆明文庙街一条小巷里,面对面不过二三十家店铺,倒有十几家象牙铺。送来刻的全是象牙章(石头不大有好的,他床边小桌上放着一排排的待刻图章,极少有石章),刻牙章,尤其是老牙,要使很大劲,出一身大汗。他的右手食指久而久之就长着老大一个疙瘩。

一多在美国原来是学美术的,会描字,也学着刻图章。潘光旦先生有一颗石章就是他二十多年前的作品。那时还是刻着玩,不太高明。有一次在潘家聊天,他还拿起这颗旧章,笑着说,到底进步一点了。

他会写篆字,写甲骨文,写金文,书桌上经常放着一堆古文字学的书,也写过不少篇关于古文字训释的专门文章。有一次谈起他的一个诗人学生,很多人说此公闲话。一多慨然长叹一声,说他也上过当。这人起先跟他谈新诗,后来谈的更多的是古文字学,一多每有新见,一谈得透澈,不久,此公便著为文章发表了。从来不提谁曾说过这个话。也有几次,还没有十分肯定的见解,随便说了;不久,此公又有文章了。说闻一多曾有此说,其实是错的。应作如何读,如何解云云。如今,此公已经自成一家了,来往也就不十分勤了！当时，有人插嘴，为什么不把这些怪事揭穿呢？他笑了，不往下说了。

图章刻多了，晚年手有些发抖，写小字有点感觉困难。

在昆明正式刻图章，靠这行手艺吃饭，时间大约是一九四二年的夏天。

开头似乎是联大一些朋友闲谈引起的，大家都为吃饭问题所苦恼，一月的薪水，尽管省吃俭用，只能管十天半个月。有的教授太太学绣花，绣些手绢围巾卖给美国兵。有的先生们兼业，挂牌当律师。有些人索性学而优则仕，也有插一脚到工商界去的，有一个教化学的就开厂造酒精发了财。剩下这些文学院的人，学术文章是不值钱的，也没有地方可发表，一无看家吃饭本领。谈而又谈，忽然想起，写字也可以卖钱呢，跟写字连得起来的还有画画刻图章。于是，在昆明城北北门街联大教员宿舍附近，北门书屋（李公朴先生经营的）对面的一间房子，有一天挂上三友金石书画社的长匾卖字卖画刻图章。我记得挂的字以云大教授胡小石先生为最多，画则几乎全是公朴的岳父张小楼老先生和公朴夫人张曼筠女士的，图章要人送象牙来才刻，当然看不见。

记得还有过一个小启，是浦江清先生起的稿，骈丽四六，很是典雅，里面"程瑶田之长髯飘拂"，指的便是一多。

以后，在青云街逼死坡上和华山南路正义路的几家文具店都有一多治印的广告，白纸上贴了二十几个各式字体的图章样子，右面附上长条的印就的润例，外装玻璃框。润例开头似乎是石章每字二百，牙章四百，过大过小不刻。后来物价涨了，渐渐改到石章每字一千二百，牙章二千。照规矩收件的铺子要收十分之二的经手费，直到《民主周刊》创办，在西城府甬道有了社址，《周刊》和《时代评论》上替一多登义务广告之后，收件以周刊社为最多，才稍稍免去了这层剥削。

刻图章不费什么本钱，只要一把刻字刀和对古文字的了解，字的结构排列要有艺术意味，古雅而不俗。一多恰好具备了这些条件，就靠这一行来养家。

他告诉我，最重要的是构思，人的姓名，每一个字的笔划，有繁简，如何安排繁简不同的字，在一个小方块子里，得要好好想。其次是写，用铅笔画底子，刻一个惬意的图章，往往要画多少次才挑一个用墨上石。再后便是动刀了。这段最费力，老象牙尤其费事。刻好粗坯子以后剩下便是润饰的工夫。最后，用印泥试样，不惬意再加雕琢。一切都合式了，在印谱上留下几个底子，剪下一个和原章用纸包好，标上名姓和收件处，这件工作才算结束。

一间房子是卧房，是书房，也是会客室，客人坐在床上，板凳上，他在窗前迎着光，一面刻图章，一面和朋友谈话。

这样，他这一家在战争的最后几年，免于饥饿。

然而，他是痛苦的。因为占去上课以外的大部时间。为了刻图章，不能有计划地有系统地读所要读的书，不能有计划地有系统地写所要写的文章。更痛苦的是为了这个，剥夺了他的自由，剥夺了他所最宝贵的时间，当他在出席一个演讲会或座谈会、讨论会之后，不能不在深更半夜，还低着头在灯下做他的苦工。

图章来得多的时候，他叹气，因为这会妨害了他所献身的工作。图章来得少的时候，他着急，因为这些天的菜钱米钱又无着落了。

卅五年四月制时与春晗
同寓于昆明海子边之西仓坡
一多

来之

余冠英印

评论社成立之夕吴晗

捐石闻一多治印

卅四年十月二日昆明

胜残补阙斋藏

佩弦藏书之玺

　　刻牙章，过去没有经验。当学刻的第一天，使尽了力气，花一整天时间，刻不好一个。他难受极了，几乎哭出声来。第二天再试，改变用刀的方法，行了。他在几年后和我说这一段故事时，眼泡中还含着眼泪。

　　于此，我泄漏一个小秘密。他的手工业还是家庭手工业。当刻图章已正式成为职业之后，大儿子立鹤，二儿子立雕也学会这手艺。

孩子们手劲大，使得力气，四段工作中就代劳了第三段，刻粗坯。

他的印谱本子是孙毓棠送的，毓棠出国前从重庆带来。另外还有一张旧藤椅，书桌是两条木凳架起的长木板，几把小刻刀，一支铅笔，还有一块小青石，是磨刀用的，这是他的全部生产工具。

他替我刻过两个私章，象牙的一个是离昆前刻的。另一个是石章，现在还寄放在昆明。

时代评论社章具有历史的意义。在刻这图章前两星期，我在逼死坡文具店用一千元买到一块旧石头，长方形。一边刻有双鱼，他也很喜欢，夸我眼力不错。问愿意刻什么字，是一句诗，还是连名带字刻在一起？我说，随便，你喜欢怎么刻就怎么刻罢！不久，时代评论社成立了。要一个公章，他就自告奋勇，连带也替我捐献出这块石头。十月三日的早晨，在枪声炮声中完成这件艺术品。刻完，兴匆匆的走来说："今天我做成一件事，很得意，你来瞧瞧。"我看见也很高兴，连说好极了。又问："你没有听见枪声吗？这样密，这样响，亏你静得下心！"他说："昨夜晚就有一些声音了，管他呢！我今天高兴做我自己的事情！"

炮火声愈来愈密了，大街小巷满是国军。断绝交通，连大门也出不去，到中午我们才弄明白是内战，国军炮轰五华山，解决主滇十八年的龙云。这样，我们这些流亡者，过了八九年战争生活，第一次看见了战争，被置身于炮火中，闻得火药味。

四月二十五日夜于清华园

陶行知先生在上海的回忆

我和陶行知先生一共见过三次面。

第一次看见陶先生是去年六月二十一日。

我从昆明到重庆，为了等飞机，在重庆待了一个多月。曾经有两次机会到陶先生所主持的社会大学演讲，这时陶先生已经东下了，没有见面。

六月二十一日早晨八点钟，大同大学学生请我去演讲，到场时看见布告，知道这天演讲的人还有王造时先生，讲演在露天广场举行，学生们正在接洽播音器，装置电线。我坐在第四排长条凳上，太阳晒着。正感觉到有点无聊时，忽然看见进来一个中年人，方方的脸，穿一身黑色破烂的中山服。招待的学生请他坐在第一排，不一会学生们又陪他走进大楼去了。我在想，这人一定是王造时先生，不会错。

到九点多钟，播音器安好，广场上坐满站满了人。主席宣布开会后，我正要上去说话，突然发生纷扰。大约有这么五六个学生挤上主席台，大声嚷着说他们要说话。主席解释说已经请了两位先生来演讲了。这些人不依，说，为什么校外的人可以说，本校的反而不能说。闹得不可开交，主席只好请听众表决。结果全场举手愿意听我讲。在学生保护下我走上了讲台。不料刚开口，电线被切断了，停了几分钟，再说时，又被切断了。我决定不用播音器，大声嚷，嚷了十几分钟，把话结束了。因为有一点要紧的事先走，没有听到"王先生"的话。

下午看到晚报，大同大学另一位演讲的人是陶行知先生！原来王先生不知道有什么事不能来，临时陶先生却被拉来了。

我第一次看见陶先生，可是没有同他讲话，也没有听到他讲话。

当天下午，上海市长吴国桢先生到大同大学训话，第二天清早吴市长又到大同，劝阻学生反内战，据说还赌了咒。

两天以后（六月二十三日）上海市民十万人欢送代表进京请愿，举行反内战大游行。

第二次看见陶先生在一个月后，七月二十三日下午三时，地点是愚园路民社党党部。

这一天我们在开会商讨李公朴、闻一多先生的纪念集如何编集印行，到会的有十几个人。开会前有人谈起陶先生不能来，因为他是黑名单上的第二名，好几天来在昼夜工作，亲自编集所著诗文和还债——把答应友人的文字债全部清理，忙得寝食俱废。

不料正说话时，陶先生来了，还是穿那一身衣服，坐在我旁边。

他说起为什么会荣膺黑名单上的榜眼，原因当然很多，近因之一是大同大学的演讲。

我问他那天演讲的情形，他说，他也不用播音器，直着嗓子喊。那一批捣乱的人也换了办法，喊口号，和演讲的声音抵消。他一想，也改变方法，有人喊口号的时候，就休息，等他们喊累了，插进去说一段。又喊起来时，再停，等不喊了，再说。如此一停一讲，原来准备讲十分钟的，拖了三十分钟，到底还是说完了要说的话。

接着他提出两件该办的事：

第一件他认为应该组织一个国际性的人权保障会，他举出一些在上海居留的国际知名民主人士，大家都同意，并推定他负责筹备。

第二件他提议洪门领袖司徒美堂先生已经到上海，过去曾和司徒先生见过面，谈得极好，我们应该招待一次，说明我们的主张和看法。当场推定十五个人作主人，陶先生是主人中的主人。客人也是十五位。时间是七月二十五日下午四时，由他负责去请，地点借民社党党部。

前一件事后来由刘王立明、沈体兰、马夷初诸先生继承陶先生遗志组织起来了，半年多来做了不少事。

后一件事，到今天在我还是一桩最伤心的回忆。

七月二十五日下午一时，我因为《李闻纪念集》（后来出版时，题名"人民英烈"，总其成的是郭沫若先生）的事情，要和沈钧儒先生谈一谈。沈老先生的住所就在民社党党部正对面，特地提早时间，打算谈好了再赴约会。到了沈老先生住所，正叫门时，三楼上窗口沈谦先生（衡老的长公子）伸出头来和我招呼，说是衡老出去了？问到什么地方去了？回答是行知先生死了！这真是一个晴天霹雳，出乎意外的恶消息，我被打击得糊涂了！问怎么死的？是自己死的还是被害死的？说是中风。又问是真中风还是中毒？说确是中风，刚才得到消息，衡老就带他去诊断，没有希望了，才回来。

带着无比的悲痛，不可言说的感情，拖着脚步走到对面。

一算，三个了！十一号李公朴先生，十五号闻一多先生，今天呢，又是陶行知先生！

如此人才，才都不过五十左右。以他们的学力、志趣、人格，领导群伦，倡争民主的努力，对民族，尤其对青年所起的作用，一百年两百年也培养不出这样的人来，然而，不过半个月，一个接着一个倒下去了！

在脑海中，我回忆到过去两次看到的陶先生，他忧愤、悲怆、焦黄的脸色，悲天悯人的胸襟，百折不挠的气概。如今，再也看不到了，民主阵线的将星陨落了！

走进门，孙宝毅先生也得到消息了。接着张云川先生也来了，一进门就嚷，行知先生遇难了，说是有人打电话告诉他。接着许多朋友都来了，我向他们报告刚才沈谦先生所告诉的消息。

在沉默中，大家黯然追述行知先生的生平。

在重庆，为了育才学校，为了社会大学，他四处奔走，捐款维持，无论多远的路，无论是炎暑还是在风雪中，霖雨中，他从不坐人力车，拖着两只疲乏的脚，深更半夜回到学校。

他刻苦自己，自奉最薄，过度低劣的饮膳，竟致缩短了他的生命。可是他的汗，他的奶，他的工作，孕育了，滋养了，建立了数不清的民主事业，数不清的民主青年。

他一向血压高，可是从不告诉人，默默地工作，加紧的工作，为了自己这一代，更为了下一代。

大家在流泪，在啜泣。

不一会，客人先先后后来到了，有的来自旧金山，有的来自纽约、华盛顿，有的来自阿根廷、巴西、秘鲁、墨西哥，有的来自英伦，来自欧洲，来自南洋，说着生硬的国语，向大家问好，眼光都在寻找一个他们所熟悉所爱慕的人，主人中的主人。当我们流着眼泪，告诉出这个噩耗时，他们一个个都哭了。

最后，司徒老先生进来了，高大的身躯，满头白发，一听见这消息，笑容立刻从他脸上消失，失声的叫出哎呀！哎呀！接着，我看见他脸上有两条泪痕，这可敬的老人颓然坐下，有好半天没有说话。

到六点多钟，衡老才带着过度的疲乏赶来，这天，他从上午十点钟一直忙到这时候，没有离开行知先生一步。

在焦急，悲痛的错杂情绪中，衡老报告了行知先生逝世的经过。

第三次看到行知先生是在殡仪馆。

门口挤满了人，里面也挤满了人，青年人、中年人、老年人、学生、教员、工人、文化人，国民党、共产党、民主同盟和其他党派的人。在这地方我看到了所有在上海的熟人，也看到所有代表上海各阶层的最优秀的人，每一个人都怀着最悲痛的心情，来告别这一位最被敬仰最被信任的民主战士，一代哲人。

我被挤在人群中，挤得喘不过气来，我在听郭沫若先生朗诵祭文，他念一句，像一颗炮弹，打进人群的心坎，愈念愈高亢，悲壮，激昂，又像一首用机关枪子弹所组成的长待，扫射了丑恶、龌龊和无知，消灭了阴险、狠毒、腐烂的现实，不由得又想起《圣经》上的话"种子撒下去了"！

是的，种子撒下去了。

行知先生是种子，是盐，是黑暗中的灯塔。

一个星期以前，我又看到一次陶先生，是陶先生的相片。

在一个集会中，一位年青的国际友人，散会时，他带了一本小册子，翻出一张行知先生的半身六寸像，还是那一副眼镜，那一身黑色中山服，那一种悲天悯人的面容。他问我认得这个人吗？接着他以极矜持而喜悦，几乎是爱慕的声调说："行知先生，我的先生和朋友，我一生的骄傲。"

五月二十四日于清华园

记张荫麟
（一九〇五——一九四二年）

在九年苦战中，倒下去无数千万的战士，是他们的血、生命，换取了民族的解放。这些战士，他们的名字不为人所知，他们的功绩被少数人所篡窃了。

在九年苦战中，倒下去另一些值得后人永远纪念的人物，他们坚守着岗位，忍饥受寒，吃下去的是草，却用奶来养育下一代的成员。被贫穷，被疾病所侵蚀，放下笔杆，永远不再说话了。如今，这些人的名字也渐渐在湮没中。

在后一类人物中，我的朋友张荫麟是其中的一个。

荫麟死去已经四周年，十月二十四日是他的四周年祭。

在他死后的两星期，在昆明的朋友曾经有过一个追悼会，此后几年似乎大家都不大想得起这个人了。

在他死后的一个月，我曾经写信给浙大张其昀先生，表示愿意替荫麟整理并出版遗作。张先生回信说，这些事浙大都在做，无需重复了。不久之后，张先生去美讲学。隔了两年，张先生回国，荫麟的著作似乎毫无消息，到今天还是如此。

荫麟生前已刊的书，为青年所爱读的《中国史纲》，被某书店所盗印，这书店的主持人似乎还是荫麟生前的同学。为了这问题，我和贺麟先生曾几次去信质问，得不到肯定的答覆。到如今还是悬案。

最痛心的一件事，为了给荫麟留个永远纪念，我和贺麟先生、冯友兰先生一些朋友，在那生活极端困难，教书人无法撑下去的年代，一百元二百元地募集了一万元基金，决定在清华大学历史系和哲学系合设一个荫麟纪念奖学金，以利息所得大约每年二千元来补助两系的高材生。因为金额少，而荫麟的工作又是两系兼任，因之，决定两系轮流，隔年补助。这笔钱交由冯友兰先生保管。可是，如今，不但每年两千元的补助无济于事，即连基金总数也不够一个学生一星期的伙食！想想当年，从一个穷教授口中挖出的一百元却够他一家一星期的生活费！

去年我得到消息，荫麟离婚的夫人改嫁了，两个孩子也带过去抚养。浙大复员回杭州了，荫麟的孤坟被遗忘在遵义的郊外，冷落于荒烟蔓草中。联大复员回平津了，荫麟生前所笃爱的藏书，仍然堆积在北平东莞会馆。

这个人似乎是被遗忘了。

为了他生前的工作和成就，为了他的书仍然被青年所喜爱，我想，这个人是不应该被遗忘的，虽然，就我个人说，恐怕终我这一生，也很难对这样一个人失去记忆。

我愿意向社会，特别是学术文化界，尤其是历史学部门的朋友，提起张荫麟这个人，他的一生。

荫麟于民国三十一年十月二十四日，病殁于贵州遵义浙江大学。致死的病症是慢性肾脏炎，距生于清光绪三十一年十一月，享年仅三十七岁。

荫麟是广东东莞人，由于早年求学和中年作事都在北方，说一口普通话，相貌和眼神也看不出来是广东人。晚年脸色老是苍白，到死后，我们才明白那是患肾脏炎者所特有的一种病态。

自号素痴，投稿多用为笔名，这个号是相当恰当的，在这样一个社会里，他那种专心一志，心不外骛的神情，是合于"痴"这个字的意思的。

他天分特别高，聪明、早熟，在清华学堂当一年级生时，就被同乡学者梁任公先生所赏识，以为将来必有成就。他在报纸和国内第一流专门学术刊物上所发表的文章，不知道的人还以为作者是位教授呢！

一九二九年毕业后到美国斯丹福大学学哲学。一九三三年回国任清华大学历史学系教授。一九三五年受教育部委托，主编高初中及小学历史教科书。芦沟桥变起，只身南下，任教于浙江天目山的浙江大学，不久，返东莞原籍。由北大、南开、清华三大学所合组的国立西南联合大学在昆明开学，又来昆明执教。一九四〇年应遵义浙江大学之聘，到贵州讲学，一直到死在他的讲座上。这是荫麟一生的学历和履历。

荫麟早年在清华就学时代，对中西文学、历史、哲学都曾下过功夫，经常在《大公报·文学副刊》《时代思潮》《学术》《燕京学报》《清华学报》发表著作，文笔流丽生动，才名震一时；从美国回来后，重心一变，专门研究历史。他常说只有国史才是一生志业所在，过去弄哲学、社会学，无非是为历史研究打下根基。学哲学是为了有一个超然的客观的广大的看法和方法的自觉。学社会学是为了明白人事的理法。他的治史方法是从作长编下手，以为宋李焘所著《续资治通鉴长编》，搜罗史料多，辨别标准严，不苟且，不偏徇，是历史上最科学最有意义的大工作。

他创编高中本国史的计划，第一步是拟目，先把四千年的史事分为数十专题。较量轻重，广征意见，修改了多少次才定局。第二步是分工，汉以前由他自己执笔，唐以后归我负责。其他专题分别挽请专家撰述，例如千家驹先生写鸦片战争后的社会变化，王芸生先生写中日战争等等。第三步是综合，稿子都齐了，编为长编，再就长编贯通融会，去其重复抵牾，加以精神生命。不重考证，不引原文，尽量减少人名地名，以通俗明白之文笔，画出四千年来动的历史，目的在使此书可读，使人人能读此书，不但熟习国史，而且能有一个客观的看法。这工作前后搞了两年，长编完成了大半。芦沟桥战起，荫麟先走，没有带出一个字，四十天后我也到了昆明，设法誊录长编成稿已经发表的一部分。不久荫麟也到昆明来了，住在我家，见了这录稿高兴之至，立刻补撰第十章改制与易代和自序，作为《国史大纲》第一辑，也就是现今坊间刊行的本子。不知怎么弄的，也许是荫麟的不小心，作者署名是杨荫麟，我见到这书时，荫麟已去遵义没有去信他，荫麟也就听之，不去更正了。

自序指出这本书的标准有四：一、新异性的标准（Standard of Noveth），史事上有"内容的特殊性"，可显出全社会的变化所经诸阶段，在每一阶段之新异的面貌和新异的精神者。二、实效的标准（Standard of Practical Effect），史事上直接牵涉和间接影响于人群之苦乐者。三、文化价值的标准（Standard of Culture Value），即真与美的价值，文化价值愈高者愈重要。四、现状渊源的标准（Standard of Genetic Relation With Present Situation），追溯史事和现状之"发生学的关系"（Cenetic relation），而不取过去史家所津津乐道的"训诲功用的标准"（Standard of Didactic Utility）。以为近代学术分工，通史的任务不在着重鉴戒或模范，和别的学门重床叠屋。经过这四个标准的取材还得贯通以四个范畴来驾驭"动的历史的繁杂"（Changing Historical Manifold），第一是因果的范畴，第二是发展的范畴，这两范畴是并行不悖的。发展的范畴又包括三个小范畴：一、空间的发展（Felcological Development），二、演化的发展（Evolutional Development），三、矛盾的发展（Dialetical Development），兼用此四范畴，期于将历史中认识上的"偶然"尽量减少，才能圆满完成历史家的任务。

他又以为过去我们所受的历史教育，小学有一套国史，从三皇五帝到宋元明清，初中又有一套，亦是从三皇五帝起到宋元明清，高中再有一套，到大学还是这一套。譬如四枚镜子，大小虽然不同，可是所显出的还是一模一样，原人原地原事，这实在是浪费青年的精力和时间，被强迫重温再温可厌倦的一套相同的杂凑的机械的史实。而且，人名地名数量之多，也使人疲于记忆，懒于翻阅。要矫正这缺点，必需从根本来改变各阶段课本的内容，第一，小学国史应该以人物为中心，选出国史上可以代表每一时代精神的人物，譬如说吧，由孔子到孙中山，或是曹操、武训，用写故事的体裁，烘托以每一时代，应该知道的大事。第二，初中国史以大事为中心，分两册，一、民族篇，述中华民族之形成和先民的业绩（摒弃大汉族主义一套的理论），二、社会篇，述社会政治经济一切典章制度的演进，生活的进步，事为首尾，互相沟通。第三，高中国史，以时代为次，综述人地事，融会而贯通之。这三套有一个共通原则，就是要求其可读，文字和内容都要通俗生动能够吸引读者，使之愈读愈有味，才算合于标准。

荫麟的治史方法论和历史哲学大体上就是如此。

荫麟不是一个世俗的收藏家，不大讲究版本，可是生性喜欢收书。限于财力，收藏的书其实不够多。留美时省吃省穿，剩下的钱全给弟妹作教育费。到在清华服务的时候，才能有一点点剩余的钱收买旧书。开头装不满一个书架，慢慢的有好几排书架了，到离开北平前，他的小书房架上桌上椅上地板上全是书，进出都得当心，不是碰着头，就是踩着书。所收的以宋人文集为最多，大概有好几百种。又在厂甸隆福寺各冷摊搜集辛亥革命史料得一百几十种，打算继续访求，期以十年，辑为长编，来写民国开国史。一九三七年春天，我们一同跟着清华历史系西北旅行团，到长安、开封、洛阳游历，我在开封相国寺地摊上，偶然得到排印本的《中兴小纪》，记清同治中兴的，传本颇不多见，荫麟一见便据为己有，闹了半天，提出用《四部丛刊》本明清人文集十种对掉，看着他那贪心样子，只好勉强答应。荫麟高兴极了，立刻塞进他的行李袋，再也不肯拿出来。到校后我去索欠，他在书架上东翻翻西翻翻，翻了大半天，都不大舍得，只拿出牧斋《初学集》《有学集》两种塞责。几个月后，清华园成天成夜听炮声，荫麟也在日夜踱踱书房中，东摸摸，西靠靠，看着书叹气，最后才一狠心，告诉我尽量搬吧，尽量寄出去吧，只要你搬得动，寄得出去。到他离平后，他夫人一股脑儿给搬进城，到今天，他的书还寂寞地堆在原来地点，无人过问。

收书之外，清谈也是他的癖好。凑巧我们在图书馆的研究室只隔一层墙，他懒散惯了，书桌永远乱糟糟一大堆，便成天到我房里，又不肯规规矩矩，一屁股坐在桌上，或者斜靠着圈椅，两只脚平放在桌上，一面大抽其纸烟，随吸随吐烟圈，喷得满屋子乌烟瘴气，一面敞开谈锋，从大事到小事，从死人到活人，从生人到朋友，从哲学到历史，无所不谈，谈必谈到兴尽，偶尔甚至忘了吃饭。偶尔我厌倦了，他觉得无聊，拿起笔就替我改文章，一把小剪子，一瓶浆糊，贴来贴去不厌其烦，搞完就拿来给《大公报·史地周刊》，凭你愿意也吧，不愿意也吧，他全不管，有时被改窜得生气，吵开了，还是不管。我常笑他好为人师，他笑着说去年你假如选我的课，我还不是夫子大人，由得你吵嘴？

也许是哲学书念得太多吧，喜欢深思，在大庭广众中，一有意会，就像和尚入定似的，和他谈话，往往所答非所问，不得要领。生性又孤僻，极怕人世应酬，旧同学老朋友碰头也会不招呼。肚子里不愿意，嘴上就说出来，有时还写出来，得罪人不管，挨骂还是不管。读书入了迷，半夜天亮全不在乎。有几次我去看他，在沙发上把他摇醒，原来上一夜全没睡，不知读到什么时候，一迷糊就睡在沙发上了。

晚年研究重心又一变，专意宋史了，已写成的论文有六七篇，都很精警，有独到之处。

荫麟的性情、兴趣就是如此。

荫麟生活的俭朴，在朋友中也是知名的，从美国回来，有春冬两套衣服，结婚时也没有添制新的。不能喝酒，可是偏爱吸烟，吸的烟不论好坏，只讲究越便宜越好，因为横直是吹不吸的。在昆明住在我家里的时候，在护国路桥头买百寿纸烟数百包，一包值洋三分。房间里满地板全是纸烟头。有好几次吧，忽然看见有好烟，居然吸了半支，一会儿便撑不住了，说是醉了。一而再，再而三，也满不在乎。胃量极大，一顿能吃半斤肉，常吹留美学会了烹调，在我的北平寓所，自己买了两只子鸡，亲自下厨，弄得满头大汗半身油腻，到吃饭时，咬不动，嚼不烂，毫无滋味，大家笑了半天。买了一顶新呢帽，出去作客丢了，下次再买一顶鸭舌帽还是丢了，从此只好不戴帽子。结婚后第二天出去拜客，回来走到隔壁人家，看见主人，连忙说对不起，累你久候了，主人莫明其妙，过了好一会，才明白他自己是客人。下午我去看他，正满手是泥，蹲在地上抟土做假山，说是把朋友所送的花圈的花来布置花园，好极妙极，我更正说是花篮，他也觉得不对，可是口头还是倔强，掉口文说："圈与篮虽不同，而其为花则一也。"朋友闹他给起一外号，叫张文昏公，他无法赖，也一一给朋友起外号，迁公迷公之类之类，把人家书桌上窗纸上全写满了。他还挖苦我，是你不幸早逝的话，我一定会编印遗文、墓志、行状、传记之类，一概负责到底。当然，我也照样还他一嘴。到今天想来，真不禁热泪盈眶，谁又能料到十几年前的恶谑竟然会成为语谶。这四年来我几次为他写哀悼追忆文字呢？

荫麟死后的一个月，《大公报》替他发表一篇遗文，大意是对现实政治的控诉，天下为公恰恰是反面，选贤与能呢，选的是不贤和无能，举出实证，文笔很犀利。王芸生先生似乎还加了一点按语，大意说是因为是死者的文字才能发表吧。

荫麟早年即患心脏病，一登高就心悸，同游华山时，攀登铁索，那时闭目摇头的情形，惹得游侣齐声哄笑。死，不料偏死于肾脏病，平时营养坏，离婚后心境坏，穷乡僻壤医药设备坏，病一发就非倒下不可，非死不可。假使没有这战争，假使这战争不能避免，而有一个好政府，或者是不太坏的政府，能稍稍尊重学者的地位和生活的时候，荫麟那样胖胖茁壮的身体，是可以再工作二十年以至三十年的。

中国的学者如此的希罕，已有成就的学者如此的被糟蹋，被淘汰，连草都不够吃的荫麟就如此寂寞地死去，寂寞地被人遗忘了。

但是，我仔细想想，从荫麟身后发表的文字来看，假如这一年他不死于穷病，再多活三四年，再多受些磨折、考验、洗炼，恐怕他还是得死，不过死法不同，不是死于穷病而已。

呜呼！我又能再说什么话呢！

一九四六年十二月十三日，天津《大公报》

这篇文章是荫麟死后一个月写的，原作是文言文，当时为什么要用文言写，现在已经想不起来了。发表在《人文科学学报》上。这刊物似乎除西南的朋友，别的地方很不容易看到。

过了四年，回到北平之后，又是荫麟的四周年忌了，心想总该有人有什么文章提到他吧！出乎意料地似乎都忘记了。真不禁感到寂寞，凄凉，费一个晚上工夫，用白话改写，因为原来有底子，这工作等于翻译，吃力而不讨好。荫麟如健在，一定要大改一阵，可惜，他永远不会了！

谢谢《大公报》，肯匀出地位来纪念这个人——《大公报》的老朋友和作者。

三五年十二月三十日晚补记

毛鸿上校

一

毛鸿上校。中等身材，黄黄的脸色，虽然才三十多岁，头发已经稀疏了，一年到头穿着破旧而笔挺的军服，普通话夹着湖南话，文绉绉的，老是带着笑，我们都叫他毛教官。

我们同住在一个院子里，他住在对面楼下两间像鸽子笼样的房子，外间是客堂，兼饭厅，兼书房，内间是卧室。床以外，堆着许多书，一顶旧珠罗纱帐子，任何时候，总是很整齐的束成中字形，床单也叠成一定的形式，想来是军中勤务的多年训练吧，我怎么也学不会。小小的房子，配着他纤小的温柔的太太和娇养的孩子，构成温暖的整洁的家庭。

居高临下，我住在他对面的楼房，成天见面。在昆明经常被敌机轰炸那一两年，我们一块儿逃警报，在野地里，无聊得慌，就谈开了。傍晚回家，累了一天作不了事，还是接着谈。到后来熟极了，到了无话不谈的地步。

昆明是个暴发的小商业都市，我们的娱乐，看不起电影，逛街怕花钱，只好钓鱼。我整了几根钓竿，到需要休息的时候，就到翠湖旁的洗马河垂钓。毛教官看了有趣，也跟着钓。他极细心，有耐性，不几天就会了。有一天清早，他钓得尺把长的大鲫鱼，险些把竿子弄折，喜欢得双脚跳，大得太太的夸奖。从此更起劲了，清早傍晚都在钓。

有一天，他提议换一个地方，到昆明湖去。走了大半天，钓了大半天，水情不熟，到傍晚回家时，连一头小虾都无，大家心里都着急，怕被人笑。恰好经过的地方有人卖黄鲴，一种无鳞而有长须的鱼，只好买了一些回家充数。我不喜欢吃这种鱼，就全部算是他的成绩了。果然，他一家大小都喜欢，他也满脸堆着笑。隔了几天，忍不住还是说出来，挖苦他太太，钓的怎么会全是一种鱼呢？毛太太也笑说，我也早明白了，但又何必煞风景呢！

另一次，听人说，西郊离城十里地有许多大塘子，鱼很多。两人兴兴头头起了个大早，跑了一身汗，走到了，果然有一个大塘子，水很清，可是奇怪，钓了大半天，钓丝一动也不动，换地方，撒鱼食，想了一切方法，还是无动静。时候已过午了，肚子饿得怪叫，还是不行。末了，只好问过路的看牛人，说是这塘子干了有几个月了，昨天才放水，从前是有鱼的。只好索然兴尽的回来。

此后，大家都忙着别的事，不大钓鱼了。到前年冬天，他搬了家，不常见面了。有一天他一拐一拐来看我，谈不上十分钟，就到隔壁附中去上课了。不料过了两天，得到他的死讯。

附中许多学生哭了，联大更多的学生也哭了。

他的一生是属于西南联大的，没有联大时就有他，可是到联大快结束时，他无声地死去了。

毛教官死时才三十七岁，除去就学的时间，大部服务时间都在联大。

二

毛教官是为学生所喜爱的，一个大学的军训主任教官而能得学生的喜爱，恐怕他是仅有的一个。

主要的原因，怕是他在主持学生军训，而又理智上反对学生军训。

他对我说，我真不懂，搞了这许多年的军训，有什么意义呢？说是为纪律，学生到底不是军人，用不上这种纪律。说是为健康，已经有种种体育活动了，操一二三四无补于事。说是实施战争技术训练，没有一杆枪，连它的构造都搞不清，有啥用？说是为了生活的秩序，不是已经有了训导处吗？再来军训，岂非架床叠屋。若是为了镇压异端，监视反动分子，那可不是人干的事！

不是人干的事，真的，毛教官不但温和，宽容，富于同情心、责任心，更重要的他还是一个正直的人。他决不肯作不是人干的事。

举一个例子吧。昆明学生轰轰烈烈的讨孔运动后，联大军训处奉到上级密令，要教官负责举发这次运动的首要分子。

有几个尉级教官兴匆匆的动起手来，这一行为当然关系有几十个青年学生的命运，集中营在等待着他们。

毛教官把文件都撕了，大声说："谁让你们干的？这不是人干的事！而且，为什么？想记上功劳簿吗？我是你们的长官，就算有功劳也该是我的。轮不到你们！"

这件可能的恐怖案，就此结束了。

他没有告诉学生，也没有告诉别的人，在有一次偶然的谈话中，他说出这件事。

他作军训教官，干什么事呢？清早天不亮起来，领学生早操，之后是替学生解决生活问题。电灯泡坏了要修，房子漏了要修，帮学生搬家，诸如此类的琐事。学生的请求，他无不帮忙，学生的困难，他尽力解决。他的上司是训导长查勉仲先生，勉仲先生是有名的查二哥，查菩萨，很契重毛教官，毛教官也确能够帮助查二哥。

西南联大有民主堡垒的称号，这堡垒里面的一个无名的英雄，沉默地本分地照顾学生的生活，决不干"不是人作的事"的人，是毛教官。

毛教官了解学生，同情学生，不只因为他过去曾经是学生，而且一出校门就到长沙的临时大学，他没有沾染上一切作官，尤其是作军官的习气，始终保有一颗纯洁的心，理智的头脑，温和的感情。

战局更险恶了，长沙临大决定迁移到昆明，组织步行团，横贯贵州。毛教官是步行团的队长，教师同行的有闻一多先生。

在几十天的徒步旅行中，毛教官和学生一样生活，生活在一起，在感情上他成为学生的一份子了。

到了昆明，长沙临大改组为西南联合大学。

之后，敌人占领安南缅甸，滇边震动。西南联大在四川叙永设分校，毛教官又跟着学生到四川。

叙永驻军是陆军预备第二师，有一天，学生和士兵不知为什么冲突起来，有一个学生挨了一刺刀。这一天正好下大雨，毛教官戴着箬帽，穿着草鞋，跑了一天，和军队办交涉。

这一天我在街上看见他，是第一次见面，印象极好。

另一次驻军长官陈明仁将军请吃饭，他也在座，从开头到散席，不发一言。半夜回来忽然放警报，城门关了，是他去叫开城门。

在昆明同住一年多以后，他预备功课考陆大，成天成晚的赶，半夜里起来读英文，还请人补习数学，和我谈历史。昆明区考试居然考个第一，正拟到重庆覆试，晴天里霹雳，没有带过兵的军官不收，三四个月的辛苦完全白费了！

此后，他突然消瘦了，颓丧了。经常的笑容也似乎有点勉强了。

有一天晚上，他谈起他的经历：

是军校毕业的，同期的若干学生早已当了师长军长了。他因为成绩特别好，留校作助教，从此永远作军人中的文官，阶级是按年资升了，作了陆军上校，可是，他痛苦，就军人说他是文官，就学校里同事说呢，他又是道地军人。文不成，武不就，而且，一家三口，还有老母要供养，弟妹要教育。

他过极端刻苦的生活，经常不大吃肉。有时在军训处吃包饭，霉黑米和清水白菜。

他发愤要改造这命运，咬着牙吃苦，咬着牙指住书本，一有空就自己学习，买了许多书，请同乡的学生帮助进修。

他一定要考进陆军大学，学一点专门学术，将来替国家真正做一点事。

但是，他一辈子没有带过兵，他们叫作"队质"吧？没有队质，不能考陆大，这个门紧紧地关住，他没有希望了，他支持不住了。

虽然如此，他还是有一个无可奈何的希望，希望他能在他所共甘苦的学校永远安心工作下去。

有一次重庆的一个国立大学找他去作军训副主任，升了一级作少将。他拒绝了，第一他舍不得这个挚爱的学校。第二他也受不了那个学校他所不习惯的空气。

他预备等战争结束，跟学校回北平，继续他的学习工作。将来或者有机会参加留学考试。

然而，问题又来了，政府取消大学军训，这是一个致命的打击。毛教官不但失业，而且，事实摆在那里，他非离开西南联大不可了。

当然，联大当局，尤其是查二哥是明白这个非军人又非文人的人的功绩的，请他作联大附中教官，照支原薪，还是在联大作事。

然而，附中隶属于师范学院，师院是决定留在昆明的。

从此，毛教官挹挹寡欢，加上骨节炎旧病也发了，一天天消瘦，终于倒下。在死前的两天，还在附中上课，当晚吐了血，送进医院，已经不省人事了，就此含恨以殁。

三

联大分校，三校都迁回平津了。毛教官一人独自长眠在昆明的东郊，他的太太和小孩流落在昆明。

学生和他的朋友募集了一点钱，虽然有百多万，大概只够安葬的费用吧！

最近，在北平国会街举行联大校庆的时候，联大学生出版的联大校庆特刊，特别提到毛教官，提起这个善良的正直的人。

我自己，毛教官还曾替我留一个永远的纪念，三年前我写《明太祖传》，完稿，要寄到重庆付印，他自动建议替我眷录副本，在这本书的小序上，我特别把这事情提出感谢。

这个善良的人，不为世人所知的人，沉默地工作，沉默地死去了。

在我的一生中，我永远忘记不了这个人，我想，在联大这个名词还能给人以一种亲切印象的时候，联大学生也永远不会忘记这个人。

十一月十八日于北平清华园

读《二千年间》

在溽暑中读《二千年间》（蒲韧著），对于我是一帖清凉散。

恰恰在战争爆发前一年和亡友张荫麟先生计划写三本书，讨论了多少次，也征求了许多朋友的意见，拟好了每本书的内容和目录，并且也写好了大部分的草稿。战事一起，荫麟仓卒南下，稍后几天，我也由安南入滇，全部稿件都随北平沦陷了。

到昆明后，搜辑已发表在报章杂志上的论文十多篇，雇人钞录。次年春荫麟从广东来，把这部分稿子整理出版，标为《中国史纲》。打算有一天能重回北平清华园，再发愤共同完成过去的计划，不料荫麟又病殁遵义！接着几年来的不安定和意外的变化，这类太高太美的理想，连做梦都不敢想到。其实，就是大胆梦想一下，即使写成了，还不是替禁毁书添一新名目，多替出版人找麻烦！何况，压根儿也不会有这样不识时务的出版家胆敢接受！在一个什么都是国定的国家。

一个美丽的梦，十年战争把它毁灭了。

梦中的第二本书就是蒲韧先生这本《二千年间》。

十年前，我们在想，为什么这个历史古国，有过司马迁、班固，有过司马光、李焘、李心传，有过刘子玄、郑渔仲、章实斋的国度，有过几百千种史学名著，使后人享用不尽的国度，今天的青年人，会对过去的历史如此无知、淡漠？

理由是很多的，其中之一是学校所用的历史教科书应负大部分责任。

我和荫麟都是吃过教科书的苦头的。

先进小学，小学历史教本从神农黄帝三代一直下来到宋元明清，一笔流水账，满纸人名地名年代和战争。五千年的史实缩在一册或两册小书里，一面凹凸不平的小镜子里。

一个七八岁到十一二岁的孩子，即使他禀赋特强，胃口好，也无论如何消化不了这一套无血无肉无灵魂的骷髅。

中学了，十三四岁到二十岁左右的青年，能力大一点了，给他一面中号的镜子，依然是坏镜子，全走脱了相貌。还是那一套，还是从五千年前说起，一朝代以后又一朝代，还是更多的人名地名年代和战争。分量多一些，武则天杨贵妃及五胡十六国五代十国之类全上了舞台，当然也会有杨国忠、严嵩、和珅一类人物。

更细的流水账，更坏的镜子。

到大学了，二十多岁越发吃得消，厚厚的几大本，依然是这一套，更大的一个分光镜。除了历史大事以外，还加进了这时代的文化思想咧，更新的还有社会经济咧，疆域表、职官表咧，之类之类。只是，一代一代都是横切面，都是一橛一橛，正如一棵树被硬截断了，再也接不上气，通史其名，不通史其实。

血多了，肉也有，可惜是行尸走肉，没有灵魂。

当然，也不能一笔抹煞，有本把是有一个所谓灵魂在的，一个戈培尔式的阴灵！

小镜子之后是中号，再是大号，简笔流水账之后是细笔，是工笔。

青年人的脑子被挤疲了，背脊也倒了，本能的反对感对所谓本国历史产生了由畏惧而厌恶而麻痹，完全不感兴趣。

硬要使孩子使青年读一本不可读的书，记忆一大串甚至成仓成库的名词，这是虐待，这是苦刑。

如此，又何怪乎青年人对本国历史无知、淡漠？

对症的办法是适合读者的年龄和兴趣，写三套内容不同，而又可以互相配合的、可读的补充历史读物。

如此，则第一免得浪费读者的精力，读十几年历史还是那一套老调。第二方面多一些，不必在某一套中说尽了一切，而又说不到家。第三有一个中心的看法，像一根绳子可以串拢散钱，使读者可以充分明白历史内容，同时也了解历史的发展法则。

开头的一套以人为主，故事式的写法，选择每一时代的代表性的人物，例如孔子、秦始皇、唐玄奘、孙中山等人物，附带的烘托这时代的大事。

第二套是纵剖面的，以事为主，大者如政权，如军队，如教育，如人民生活，小者如衣食住行，要源源本本具体说出了每一所涉及的事物的衍变、发展，是人的生活的历史，进步的历史。

第三套是横剖面的，以时为主。从横的方面去看这一时代，去看这一时代的各方面。该注意的是，这横剖面并不依据旧的王朝起迄来划分，而是依据历史发展的具体阶段。例如鸦片战争是一个历史计程碑，秦始皇推翻世卿政权，建立封建专制政权又是一个明显的界石。计程碑不是孤立的，后面有路，前面还有更长的路。

第三套只印出了第一册。一二两套原稿沦陷了。

十年前的理想，十年后在昆明读到了翦伯赞先生的《中国史纲》第一册，不但完全符合我们第三套的要求，而且更向前进了一步。也读到了许立群先生的《中国史话》，近似我们的第一套。最近读到了《二千年间》，完完全全是我们所设想的第二套，而且，这十年战争的一方面，摧毁了我们的计划，另一方面却使蒲韧先生总结了经验，向前迈进了一大段，比我们十年前的梦想更成熟，更精炼，更有积极的意义。

这本书分为九章，每章分四至五节。

第一章"二千年的鸟瞰"，是总论。第二章"在万人之上的人"，说政权，从皇帝皇室到外戚宦民。第三章"一种特殊职业——做官"，畅论两千年来官僚政治，封建专制政权的两个轮子之一。第四章是另一个轮子，武力，标题为"又一种特殊职业——当兵"。第五章"一切寄托在土地上"，谁养皇室，养官僚、养军队呢？是农民，又出谷，又出钱，又出力。可是报答呢？是千灾百难。忍受是有限度的，到了饱和点，便爆发了农民战争。第六章的标题是"大地的撼动"。第七章"不安静的北方边塞"，指出了历史上的对外战争，有的是侵略的，更多的是被侵略，不论前者后者，受苦难的总是人民。当被侵略的时代，"当胡骑踏进中原的时候"。第八章的内容是儿皇帝和贰臣，是南渡君臣轻社稷，是不死的人民力量。儿皇帝出卖了民族，人民解放了自己。

最后一章是"逃不了的灭亡命运"，封建专制主义统治内部所包含和外面所遭遇的各方面的困难和危机，内在的矛盾发展，决定了灭亡的命运，"历史又一度证明了统治者无论用怎样顽强的努力来守旧不变，但客观的形势，人民的力量终究会变掉了它"。

最后的一节是"历史不会回头"："历史的车头轰轰隆隆地前进，把旧的时代撇在后面，产生了新的事物，出现了新的情势，提出了新的问题，向着民主化、现代化的前途猛进，这是谁也违拗不了的前进的主潮，一切眼光向后看，留恋旧的时代，走着倒退的路的力量，都不能不被辗碎在历史的车轮下面。"

这是一本有血有肉有灵魂，活生生的书。

这本书在开宗明义第一章就指出了是关于中国封建专制主义时代的历史的一本书。作者集中全力阐明这主题，分析封建专制主义的统治权力及机构，这种权力所凭借的经济基础，农村，和农村中常常发生的叛乱和骚动，以及异族入犯和侵占的现象。

时代是从秦到清末的两千一百年。历史上封建专制主义的时代。

这本书没有足够的篇幅可以谈关于文化思想上的问题，关于工业的发展也没有专门谈到。

没有求全，因为像过去那种包罗万象的书本只是一间杂货铺。

没有往上滚雪球，虽然愈往上可写的就愈多。也没有往下拉，因为下一时代，我们这一时代是半封建半殖民地的时代。过去的统治者是单纯的道地的地主，而今天，不止是地主，还有地主镀金的买办和纯粹来路货的外国大亨。地主、买办，同时又是官僚，加上外来的统治力，造成今日中国的新灾难，这和过去两千年间是有其截然不同的意义的。

也没有琐碎的考证，因为这本书是叙述的书，是采取已定的论证而综合叙述的书。正如蜜蜂酿蜜，是经过消化的，融会贯通，所以可读，也所以不可不读。

从"无"的方面说，除偶一引用的例证以外，这本书几乎做到了和旧式的教本恰好相反的一个地步，第一人名极少，第二地名极少，第三年号等专名更少。因为本书的主体是二千年来的人民，二千年来统治人民的政权，二千年来人民所受的苦难，是从人民的立场来了解历史，而不是从少数统治者的事迹来曲解历史的。

从"有"的方面来说，作者的叙述是主体的，不是平面的。例如他着重指出二千多年中，虽然一直维持着专制政体，不过在各个朝代，君主专制的程度是有强弱的。由弱趋强的过程，是官僚和军队两个系统的形成和加强。其次作者引用宋神宗和文彦博的问答，文彦博提醒他的主子，是和士大夫共治天下，而不是和老百姓一起治天下。士大夫是靠剥削老百姓生活的，两个敌对的阶层，而皇帝本身又是大地主，是士大夫集团利益的代表人，由此可以明白封建专制主义的经济基础，可以明白两千年间多少次和人民有点点利益的新政，为什么不能推行的原因，可以明白为什么农民变乱无代无之的原由，也可以明白贪污政治的根源。

地主势力统治全国，其具体的表现，就是皇帝个人的专制独裁。那末，今天呢？

作者也指出了没有一个朝代不劝忠教孝，愈是满嘴仁义的大地主代表，如隋炀帝是杀父的凶手，却建立了"孝为天经"的天经官；有名的仁君唐太宗，不但逼父，而且杀兄杀弟乱伦；除开这些伪君子以外，两千年来的皇帝大半是在精神上不健全，在智力上低能的人。两千年来的人民，就被这样的人——伦理道德堕落到极点的模范——所统治！

在论官僚政治的时候，作者也清楚地指出秦之统一，是官僚政治的始露头角，代替了分权的世卿政治。不过要一直到唐代，官僚政治才达到成熟的阶段。可是官僚虽然大部出身于布衣，却并不代表最下层的劳动人民，而且，平民一入仕途，就立刻变质，成为地主，成为官僚了。和"平民政治""民主政治"完完全全不相干，勉强的说也只能说是"官主政治"！

军队和官僚，两支封建专制主义的支柱，君权由上面扩张加强，皇朝凭之而建立，持续。同样，军队和官僚的膨胀也招致了君权的衰弱，皇朝的崩溃，矛盾的发展，构成了过去的历史。

这样一种看法，是别的先出的书本所无的。而在这本书中却以一贯的看法来剥肤理肌，清洗出被涂抹被歪曲的历史真相。

读了这本书，虽然它尽情暴露了历史上的黑暗面，却不会使人悲观。固然它并没鼓励人盲目乐观。它指出从世卿政治到官僚政治，从历史的观点说是前进了一步。从职业军队到人民的军队又大大迈进了一步。这种种进步显示了我们的历史并非春水，在新的经济基础的社会变革中，大地的撼动是会改变历史，会创造历史的。

作者从历史的研究对民族前途具有信心。

读者从这本书的体会，也加强了前进的信心。

这本书把现实和历史联系，从历史来说明现实，也从现实去明白历史。

一本活的史书，经过精密的消毒手术，健全而进步的史书。

在溽暑中，我愿意挥汗向读者介绍、推荐这一本可读的书。

八月十二日

《明太祖》和《从僧钵到皇权》

一

《明太祖》和《从僧钵到皇权》是一本书，内容完全相同。所不同的第一是出版家，《明太祖》被掠夺成为《中国历代名贤故事集》的一种，主编人是潘公展和印维廉，出版者是胜利出版社。《从僧钵到皇权》是《战国丛书》的一种，后来改为在创书林，主编人是林同济。书名也是林先生改的。出版者我忘记了。第二是年表，《明太祖》附有年表，从公元一三二八到一四三三，朱元璋生年到郑和第七次出使西洋回国，也就是明太祖死后的第三十六年。《从僧钵到皇权》没有这个年表。第三是序文，《明太祖》有潘公展先生的《中国历代名贤故事集编纂旨趣》，《从僧钵到皇权》则有林同济先生的序文。第四是作者小传，《明太祖》有，《从僧钵到皇权》无。

最近在重庆的街头上碰见陈铨先生，承他的好意，使我更明白一件事情，原来这两本书是一个版，一起印五千册，两千册装成《从僧钵到皇权》，三千册装成《明太祖》。

这一本小书的写作和出版，有不少小故事，从这些小故事中也可以看出所谓政党，所谓出版家的道德，看出中国社会的一面。

我咀咒这本小书，也咀咒我自己。

二

这本小书的写作时间费了整整两个月，从民国三十二年七月七日到九月七日。

写这本书所能用的资料是少得可怜的。过去所曾读过的有关史籍，如《明太祖实录》《高皇帝文集》《皇明祖训》《大诰》《大诰续编》《大诰三编》《大诰武臣》《御制皇陵碑》《世德碑》《纪梦》《西征记》《平西蜀文》《周颠仙人传》《皇朝本纪》《天潢玉牒》《国初礼贤录》和陆深的《平胡录》《北平录》《平汉录》《平吴录》《平蜀记》，黄标的《平夏记》，张纮的《云南机务》的钞本，高岱的《鸿猷录》，唐枢的《国琛集》，王世贞的《名卿绩记》，顾璘的《国宝新编》，徐祯卿的《翦胜野闻》，王文禄的《龙兴慈记》（从《皇陵碑》以下都收入沈节甫的《纪录汇编》），叶小奇的《草木子》，孔齐的《至正直记》，何乔远的《名山藏》，谈迁的《国榷》，刘振的《识大录》，钱谦益的《国初群雄事略》和夏燮的《明通鉴》诸书，都因无法找到，不能利用。甚至像郎瑛《七修类稿》之类的普通书，也百计觅访而不得。手头所有的书只有《元史》《明史》，谷应泰《明史纪事本末》，权衡《庚申外史》，陶宗仪《辍耕录》，陆容《菽园杂记》，钱谦益《太祖实录辩证》，潘柽章《国史考异》，以及从北平带来的几千张笔记卡片，和过去所发表的几篇论文而已。

参考资料既然如此贫乏，那末，当时为什么要写这本小书呢？说来也可怜，为的是吃饭。

我在西南联合大学教书，民国三十年联大在四川叙永设立分校，我教的是一年级课程，非去不可。校方所发两人的旅费去四百回九百元。这笔钱坐长途汽车是勉强够的，不幸内人身体不好，不能坐汽车，只好乘飞机，卖光所有的家具，在昆明住了半个月旅馆，天天到航空公司催问，天天跑警报。回来时在重庆等。到了叙永，内人病倒了，一直病到离开四川，前后七个月，闹得倾家荡产。回昆明后，无法还债，只好把在云南几年来所收集的几千册书和拓片，扫数卖给清华大学，伤心之至，第二年打破惯例，写了一副春联，"书归天禄阁，人在首阳山"！

接着，内人又是病，家乡沦陷了，老母弱妹衣物荡然，无以为生。物价天天在涨，实在没有办法支持下去了。

刚好，这时候林同济先生从重庆到昆明来，他提出一个救济计划，说是在重庆筹了十万元，打算请十个朋友；每人写一本小书，从八万字到十万字，稿酬是一万元。分三期付款，第一期预支三千元，交稿一半再支四千，余数交清稿时付清。

他提议我应该写一本《明太祖》。

一万元在那时候是一个大数目，抵得上半年多薪水。

于是不能不欣然同意了，先拿了三千元，寄回家两千元，一千元作病人的医药费。

于是，不能不硬着头皮写了。用上课买菜打杂的余闲，挤出了这本小书。

在付印前曾写了一篇自序，老实供出：（一）书中讲明太祖的地方实在不够多，（二）文字也有点演讲派头，（三）而且很拙劣，（四）材料不够。

为什么还敢于付印呢？第一是用了稿酬，不付印，就是还出，可是实在还不出。虽然第三次稿酬到手时，已经没有什么经济上的意义了。第二，虽然清本校读以后的心境颇为惆怅，再三想想，在缺乏一般读物，今天这本小书所代表的是作者个人对于六百年前一个大人物的看法，也许可以帮助读者对于这个人和这个时代以至另一个时代的了解和比较。

还有一个小秘密，在动笔以前，仔细读过《维多利亚女王传》和莫洛亚的著作。存心想学，结果，画虎不成反类犬。

三

假使就此为止，这本书的小故事也许不会发展下去。

可咀咒的事情终于来了。

也许重庆出版界的消息特别灵通（到后来我才明白，原是一家人），印维廉先生主编《中国历代名贤故事集》，也要一本《明太祖》。照规定每一册字数四万到五万字，而且，这本《明太祖》要往下拉，拉到郑和七下西洋为止。还要一个内容相应的年表。稿酬是六千元!

征稿的信来了。我没有勇气也没有这兴趣接受。没有覆信。原因是很明白，我有这兴趣，不如另写一个人物。而且，六千元这数目也实在无补于那时的生活。

于是包围开始了，许多朋友写信来劝我接受。最后说不妨以第一本为蓝本缩一下，添一点就行。

内人希望这点钱可以帮助点医药费，决定由她自己写，赶了一个多月，等于大半从新写过，还特别附了一个年表。

稿子寄出去了，说明作者不是吴晗，出版者不肯改，说是已经登了广告。隔了两个多月，才寄来五千元，被扣一千元，没有说明什么理由。

而且，还有一种花样，说是要作者写自传，可以推广销路。我的答覆是向来不喜欢这一套，而且，除了教过几年书以外，也没有可以传的，更没有可吹可擂的。

于是，胜利出版社编审组就替我代劳了，在扉页弄上那样一则不伦不类看了要吐的玩意。

隔不多天，林同济先生来信说，他们已经和胜利出版社商量好，同用第一个八万字的稿子。第二个四万字的稿子呢? 没有提起。书印出来了，林先生履行诺言寄了十本来。可是书名被改作《从僧钵到皇权》。唬了我一跳，因为我原来的稿子是叫作《明太祖传》的。

另外，我自己到中华书局买到一本《明太祖》。原来答应送给作者五本的，直到今天还未收到。

更糟的是，更可咀咒的是，这第二本《明太祖》，四万多字带年表的《明太祖》被窒杀了，连原稿也从此无下落。

木已成舟，事先从来没有得过我的同意，事后也没有通知。

这是中国出版家的道德。

后来，也明白了，还是政党的道德呢！

四

写信向林先生抗议，无回信。

写信给林先生的代理人陈铨先生抗议，要求收回版权，假如出版家方面认为有损失的话，我愿意依法赔偿。还是没有回信。

今年五月七日我到重庆，几天后，无意中在大街上遇见陈铨先生。他说，这事情已经没有办法了，他们早已把一套书连《从僧钵到皇权》在内的版权卖掉了，卖给大中书局。他接到我的信以后，曾经和大中的老板商量。抽出这一本拿另一本代替。大中不肯，说这一套书只有这一本能销，第一版两个书名的已经卖完五千本。要立刻再版了。

末了，陈先生还告诉我一个秘密，把《明太祖》改为《从僧钵到皇权》的代价是书由胜利出版社印，他们改封面分得两千本。

在重庆，我没有找到大中，也无法找大中，因为我和这个书店根本没有契约。和胜利出版社也无法交涉，除了起诉，因为第一他们不得作者同意，把依约写的四万字原稿毁弃了，第二未得作者同意，盗印作者替另一出版家写的八万字的《明太祖传》。

可是，我请不起律师。

对在创书林交涉呢？说是版权卖给别人了，他们无法过问。

五

从这两本内容相同书名不同的书出版以后，这几年中发生了一些小故事。

第一，有朋友替被盗印的《明太祖》写书评，说他不懂，为什么这书附有一个不相称的尾巴，传主明太祖死于公元一三九八年，年表却终结于公元一四三三年。而且，传主死后三十六年的事，郑和往返西洋七次的事迹，和传主全不相干。

是的，今天我愿意告诉这位细心的朋友，在我自己初买到这本书的时候，我也不懂。

第二，几年来西南联大某些人主持的壁报上，和校外若干有颜色的刊物上，经常替我作义务宣传，说是文人无耻，一书两印。

是的，今天我也愿意告诉这些先生，明白了吧？到底是谁把我的书两印？到底是谁毁弃我的原稿？到底是谁盗印我的书？到底是谁无耻！

第三，有很多好心的朋友劝告我，不该胡乱把书交给这种出版家。他们说，这种出版家的唯一出路，是多租些房子，来囤积他们的出版品。

他们永远不会赔钱，因为他们的工作目标恰好和其他出版家相反。

是的，我感谢这些朋友的劝告。今后我永不会再受这种出版家的欺骗和剥削了。

我咀咒这本小书，也咀咒我自己。

七月二十五日

苏渥洛夫传

几年来我的兴趣集中在传记文学方面，尝试着写传记，也喜欢读传记。

帝俄最伟大的军事艺术家苏渥洛夫大元帅，是我所喜爱的一个人物，不只是因为他是一个伟大的兵士，而且因为这个兵士所代表的卓越的军事思想和今天这个时代的关联。

几年前，在昆明看了苏联亚洲影片公司出品的苏渥洛夫影片以后，引起研究这个人物的兴趣。不几天从商务印书馆买到一本小册子，苏渥洛夫剧本的译本（L. Bakhterev and A. Bazumovsky 著，陈国华译），记的是一七九〇年土耳其战役苏渥洛夫攻克伊斯迈尔（Ismail）的故事。这一个著名的要塞战场面太紧张了，剧作者写得十分生动。配合着从电影中得来的一七九九年俄英奥同盟的对拿破仑战争，苏渥洛夫在意大利战场击败法军以后，率领大军越过阿尔卑斯山岭进军瑞士的历史，更增加了对这个巨人的认识。

最近又读了三本关于苏渥洛夫的书：

1、*SUVOROV*（K. Ossipov 著，Foreign Languages Publishing House 出版，莫斯科，一九四五年，九十六页）。

2、《兵士兼统帅——苏渥洛夫生平事业概论》（皮加列夫著，外国文书籍出版局出版，莫斯科，一九四五年，一百二十页）。

3、《俄罗斯历代名将概论》（波契卡列夫教授等著，外国文书籍出版局出版，莫斯科，一九四四年，一百二十四页）。

第一本是英文译本的传记，第二本是中文译本的评传，第三本里面有一篇是论苏渥洛夫的。三本书合起来，虽然不能说很够（从《兵士兼统帅》这本书的附注引用有关之书之多看来，研究苏渥洛夫在帝俄时代已经成为一种专家之学了），至少，已经可以明白这个人的一生和他所处的时代了。

奥西波夫的《苏渥洛夫传》，分十一章。一、青年时代；二、普鲁士战争；三、练兵；四、在波兰；五、第一次土耳其战争；六、第二次土耳其战争；七、再到波兰；八、放逐；九、意大利战役；十、瑞士战役；十一、结局。卷首尾有攻占伊斯迈尔要塞详图，扉页的苏渥洛夫画像，骑马冲锋的英姿和电影上所见完全一模一样。

《兵士兼统帅》，分四章。一、导言；二、俄罗斯武器的荣誉；三、苏渥洛夫理想中的英雄；四、词锋和笔锋。

《名将概论》，包含五篇专文。一、波契卡列夫教授作《亚历山大涅夫斯基》，一个十三世纪英勇捍卫俄罗斯国土而击溃瑞德寇军的英雄。二、同一作者的《季米特里顿斯可义》，十四世纪后期击破鞑靼金可汗国马麦军队的莫斯科侯和全俄诸侯盟主，这一胜利，奠定了俄罗斯国土坚强统一的基础。三、巴兹列维奇教授作《明宁与帕尔沙斯基》，十七世纪初期一个市民和一个侯爵衷心合作领导人民逐出波兰和德意志军，解放全俄的历史。四、奥西波夫的《苏渥洛夫》。五、聂契金娜教授的《库图左夫》，苏渥洛夫的学生，一八一二年消灭拿破仑侵俄军的主将。这六个帝俄名将，被俄罗斯人崇奉为卫国保民的民族英雄，一九四一年十一月七日，苏联全军最高总司令史大林元帅在莫京红场训话时，号召苏联全体军人都效法苏联人民伟大祖先这六个巨人的英勇仪范。

在这本六个人的概论中，苏渥洛夫是承先启后的最伟大的军人，战无不胜的统帅，建立军事科学的学者。他是彼得大帝和鲁缅泽夫（Rumyantsev）的学生，库图左夫（Kutuzov）和巴格拉昂（

Bagrattion）的先生。他的遗教，被俄罗斯军人所继续奉行，一直到这一次苏德大战，还在发生作用。中国的一部分军队和军事领袖，也在受他的影响，建立了新的战争科学和技术。

亚历山大·瓦西里也维奇·苏渥洛夫（Alexander Vassilyevich Suvorov 1730—1800 A.D.）虽然出身于贵族，他却没有像同时代的贵族子弟那样，在孩提时就报名进禁卫军，在学校受教育提高年资，一成年正式服役便是中级军官。反之，他是到成年才进谢米诺夫近卫团当什长，和兵士一起生活，在五十三年的军队履历里，经历了所有的阶级，最后才作到大元帅。

他一生自称为兵士。兵士们不但以他为自己人，衷心喜欢，崇拜他，而且以之为光荣，为骄傲。

因为他自己是兵士，才能了解兵士，尊重兵士，熟习并使用兵士自己的语言。他的著名杰作《致胜科学》，初订于一七六八年，在新刺多牙镇当苏士达尔团长的时候；最后定稿于一七九六年，在土尔清纳军营，以元帅身分训练兵士，颁布这书作为兵士们的法典，是完全用兵士的语言写出来的。

他的练兵原则，是研究战斗中所必需的东西，领会作战技术，培养坚忍耐劳的精神。他所奠定的练兵基础，到现在有许多方面都是红军所遵从的。可是在当时，真正是军事方面一个革命。

他不事外表上的美观，而注重战斗力的养成，他不把兵士当成战争的机械，而要求兵士的机动。质言之，他认定兵士是人，不是工具。因之，他尽力培养军人道德和确信本身力量的意识。在平时他颁布军人健康令，减少军中死亡率到最低限度，在战时命令饶恕缴械投降的敌人，用人道态度优待俘虏，而且严格禁止扰害平民。他说："兵士应在战场上攻打敌人，而不应骚扰民间妇女，不应偷窃财物。"而且，"盗贼不是军人，坏兵才做盗贼"！

正因为如此，苏渥洛夫自居为兵士，看不起那些在办公室拟冗长细微计画的大员。在女皇加特林娜第二时代，被波将金总司令所排挤，在帕维尔第一时代，又和沙皇发生直接冲突。帕维尔第一把兵士看成能够走动的机器，和苏渥洛夫的完全尊重人格的服从，是冰炭不相容的。可是苏渥洛夫从来也不肯屈服，女皇时代几次被调开去建筑和视察军事工程，那是他最不喜欢的工作。帕维尔时代被流放，被贬逐，终于被革职，被隔离，被侮辱，在最辉煌的强越阿尔卑斯山战役凯旋之后，愤郁而死。

他善于以小数兵力致胜，原则是集中兵力，是准确计算时间，"迅速动作和冲击，是战争的灵魂"。土尔清纳之役，他以三千人击溃土耳其的大军，雷姆尼克之役，以七千人击溃敌军十万零二千人。伊斯迈尔要塞占领战，守城的土耳其军三万五千人，而且有强大的炮队，俄军只有二万八千，没有任何攻城的工具和经验。一七九九年特勒伊河之战，俄军两万打败法军莫洛和马克多那尔两路反攻的五万多人。最末一次的瑞士远征，只以疲乏不堪的一万五千人，无粮食，无过山配备，甚至没有子弹，还有严寒的气候和陡峭悬崖，鸟道，加上法军马塞那供给齐备的八万大军。但是，他过去了，不但全军过去，而且击退敌人，给敌人以严重损失，造成苏渥洛夫军事荣誉的极峰。

他是从不退却的，他说："我一生根本不知道什么是退却，什么是防守。"在他的军事法典中，根本没有退却这一概念。拿破仑麾下骁将，卡萨诺战役被苏渥洛夫打败的莫洛，评论他的敌人说："此人具有非凡的坚忍精神，他宁愿亲自牺牲，并使自己的军队战到最后一卒为止，但不肯退却一步。"但是，他是退却过的，巧妙的退却，意大利战役就是光辉的典型。他所反对的是机械的退却动作，可是并不主张单为了保持一个地方就宁可全军覆没，直至最后一人为止。苏渥洛夫非常重视部下的生命，他坚守彼得大帝"兵士是很宝贵的"的名言。在他看来，整个世界都值不得去"白流一滴血"。他的退却的观点，是"任何一个岗位，都不可视若要塞，把岗位让给实力优厚的敌军，是一点也不可耻的。反之，军事艺术正在于不受损失而及时退却。为死守某一岗位来顽强抵抗人数优越的敌人，结果还是要把这岗位让给敌人。让出的岗位可以重新占领，而人员上的损失，却是不可挽回的。一个兵卒，往往比岗位本身还重要些"。在这样场合，退却是保全有生力量，是积极抵抗，预备进攻的手段。

苏渥洛夫，是彼得大帝最好的学生。彼得大帝的战略基本原则，就是澈底歼灭敌军，消灭敌人有生力量。彼得总是集中自己的兵力——而决不将其分散——实行对敌人的打击，而他所选定的主要打击目标，并不是要攻陷敌方要塞，如当时西欧一般通行的战略那样，而要消灭敌人的有生力量。他不愿采取当时西欧通行的消极防御战术，而运用积极的防御战术。认为防御只是进攻的准备而已。他并不以战场上的胜利为满足，而是要乘胜追击敌人。苏渥洛夫把这理论完全实践了，巧妙的运用了，他一生所经历的战役，都以此致胜。他在自传中说过："坐在办公室里是决不能打一次胜仗的，理论没有实践，便是死的东西。"他训诫义子卡拉察说："要及时利用机会，要善于包抄敌人，善于在有利自己的地点和时间袭击敌人。"他经常都是忙于极力利用每一稍纵即逝的机会，他以为"一分钟能解决战斗结局"，他说："我行动时，不是按每一小时，而是按每一分钟计算的。"

这一伟大卓绝的军事思想，库图左夫继承下来，一八一二年博罗结诺战役后放弃了莫斯科，因为拿破仑的军队有五十七万七千人，而俄军只有十八万，而且还在博罗结诺的胜仗中丧失了四万二千人。在"丧失莫斯科，还没有丧失俄国，军队丧失，俄国也就丧失了"的比较下，俄军执行巧妙的退却。这一退却，保全了有生力量，相对的又发动人民战争，歼灭侵略者的所有生力量，法军只好逃命了。拿破仑逃到华沙时，告诉他的外交官，"军队已经没有了"。

再后又由这次的苏联卫国战争继承下来。希特勒走的还是拿破仑的老路，苏联人民所用的也还是他们祖先的老办法，所不同的是没有放弃列宁格勒，史大林格拉，更没有放弃莫斯科。可是希特勒的结局，还是拿破仑的结局。

最近，在中国的报纸上，也发见有生力量这个历史而又现实的名词了，读读这几本书吧，会帮助你对今天战局的分析和了解。

读《对马》

一

　　瓦西里耶夫和他的伙伴分析日俄之战。沙俄海军在对马海峡全军覆没，指出种种原因之后，接着说："我们的败北是谁的责任呢？不是个人，而是整个的政治组织。我们除开朝鲜海峡之外，在别的许多地方，也有我们的'对马'。日本也一样精锐地战胜了我们的陆军。在我们的铁道，在我们的工厂，在我们的造船厂，在我们的教育界——我国整个无智而混乱的生活，全都遭受了一场'对马'的败仗。这虽然不很明显，但毫无可疑。然而日本已征服的不是劳动阶级的俄罗斯，而是可恨而腐朽的我国的政府。要是俄罗斯的政权操在另一阶级的手中，它永远不会再获得这样的胜利。同时，它已给我们一个好机会，它启开了我们中那些最卑贱的最无教育的人们的眼睛。幸而我们的陆军战士们已掉转枪头，反抗那些叫他们白白送死的人们。战争已诱起了革命。我们，对马海战的幸存者，已再也没有恐惧的理由了。"

　　瓦西里耶夫是沙俄战舰奥里约号的机师，真名是 V.P. 珂斯塔珂，对马海战幸存者之一，大革命后在苏联海军造船厂里充任重要的职位。在战争中他以智慧和经验教育了指示了同伴。

读了这一段精辟的结论之后，我觉得瓦西里耶夫也替我们下了结论，他的每一句话似乎都是指着四十年后的中国人民说，指着四十年后的中国现状说。

"对马"在中国！

二

《对马》是一本纪述一九〇五年五月十四日（俄国旧历）或五月二十七日（新历）在远东朝鲜海峡对马岛附近日俄海战，沙俄第二太平洋舰队全军覆没的故事。

这次海战是历史上顶出名的第四次大海战。不止以规模之大，损失之重出名，而且也因为这战争造成了沙俄的崩溃，因为"沙皇想以战争来窒死革命，他所得的结果相反，日俄战争加速了革命"。

作者普里波衣一八七七年生，二十二岁参加了波罗的海舰队，狂热地从事于自学工作，阅读了被禁的革命文学，开始对于政治的社会的觉醒。日俄海战发生时，他是战舰奥里约号上的主计员，参加这次富于演剧性的战斗。被俘以后，拘禁在日本熊本俘虏营，立刻把个人在战争时候的观察纪录下来（根据他每天的日记），跟着收集关于整个舰队的材料。从每一兵舰幸存者的口中，盘问在同一时间每只船上所发生的事情，包括舰上职务的分配，长官和士兵的关系，各舰船在这次战争里的任务。五月十四日这一天，每条舰船上，在司令塔里，各个炮塔里，炮甲板上，水电室里，引擎室里，汽锅房里，病房里……各各发生什么事情。每个地方接到什么命令，这些命令是怎样被执行的，每个参加战斗的人的神态是怎样的，性格是怎样的，从这只船或那只船上目睹这次战争的人对于它的一般印象是怎样的，一直问到极细微的事情。经过从同一个角度观察事物的别的人们的校正，再加上同伴们关于各种各样的事变描写的记事簿的补充，经过了几个月，他收集了一满箱记述"对马海战"的抄本。他相信这记录决不会跟官方关于这次著名的战争的报告相符合。

不幸，这一箱珍贵的第一手材料在一个意外事变中被烧毁了。

作者第二次又着手搜集材料，靠着战舰上弟兄们的帮助，又很起劲地干了起来。这步工作还未完成，战俘被释回国。作者很幸运带了"叛逆的文件"回到家乡，经过长期的避难生活。他的哥哥把这引起官方注意的稿件秘密埋在地下，不料到一九一三年作者从外国偷偷回家时，他哥哥竟然忘记了埋藏的地方，到处寻找，竭力思索，终于找不到。作者失望懊恨，无话可说。

过了许多年，作者的侄儿从红军退伍回家，无意中发见了这文件，在一九二八年交还给他叔叔。这时候作者已经多年委身于文学事业，用颤抖的手指翻开原稿，虽然墨水退色了，消逝了的记忆又被刺激起来，很清楚的回想到二十二年前许多已被忘却的关于"对马海战"的细微事件。

回到莫斯科后，用谈话和通讯二种方式，跟残留着的战侣们接触，重新获得并补充了材料。靠着本书中几个重要人物，V.P. 珂斯塔珂和奥里约号高级长官 K.L. 秀汶第、波支华、M.I. 伏埃伏丁，信号长齐费洛夫的帮助，写成了这本历史纪录——《对马》。第一章都由这些亲身参战的人精密考究过。

作者是一个自学作家。在《对马》出版之前，一九〇六年和一九〇七年曾写了两本以对马为题材的小书，随即被没收。由一九〇七到一九一三年作为一个政治逃亡者流落在国外，漫游法国、英国、西班牙、意大利和北非洲。一九一四年写《海的故事》，被检查官禁止，直到一九一七年大革命才能出版。这期间，在沙皇的统治下，检查官使作者难于从事任何文学事业。因此，虽然他觉得自己有许多话要说，但他写得很少，发表得更少，直到革命后才继续写作。作品发表在俄国各杂志如《现代语文》《大众生活》《北调》《现代》《现世界》和别的刊物上。

这本书的发表，在对马战役后三十年。

三

十九世纪末期，沙俄和新兴的日本开始了瓜分中国的斗争。日本首先向中国进攻。甲午战争（一八九四—一八九五）日本消灭了大清帝国的北洋舰队，割让台湾和辽东半岛，破坏了沙俄独占中国东北的计划。沙俄约同法国德国强迫日本把辽东半岛还给中国，跟着又强迫大清帝国把辽东半岛和旅顺要塞让给俄国。两个帝国主义在中国东北的侵略发生冲突，一个要南下，从东北伸延势力到朝鲜，一个要北上，从朝鲜往北到东北，到库页岛。在这斗争中，英国畏惧沙俄的独霸，施展拿手好戏均衡政策，扶植日本，订结了英日同盟，日俄战争的因素成熟了。

日本是擅长于不宣而战的军国，预计到沙俄并没有准备好战争，先来一个突击，一九〇四年一月突然袭击俄国的旅顺要塞，消灭了沙俄第一太平洋舰队。

这样开始了日俄战争。

沙皇政府下的找寻新市场的大资产阶级和地主中最反动的阶层推动和进行了这个战争。沙皇政府也以为战争能帮助他巩固自己的政治地位和停止革命，但是，他失算了，战争更加动摇了沙皇制度。

俄国的军队，武装和训练都坏，其领导者又是无能的卖国的将军们，屡战屡败，成天在"转进"，在"完成任务，转入有利阵地"的。

资本家、官僚、将军借战争而发财，到处是贪污，到处是舞弊，一切机构腐烂到发臭。军队的供给到了不能再坏的程度。运输工具不用以运兵运军火，用来运商品贩卖，溃败时则用以疏散将军们劫夺来的财富。

在陆地，两国拿中国土地作战场，大清帝国政府想出了好法子，谁也不帮，守中立。沙俄的腐烂又遭遇到考验，在奉天附近，三十万大军溃败了，死伤俘虏达十二万人。

沙皇还是不服气，匆匆忙忙，草草率率组织了第二太平洋舰队。

勉勉强强绕一个大湾到远东，被解决得一干二净，这就是"对马"。

战争的胜负不是决定在战场上，而是决定在后方的社会经济基础，在交通系统，在工厂，在教育……尤其重要的是在政治。借用本书中瓦西里耶夫的话"封建制度根深蒂固，又中了专制政治病毒的俄罗斯，已招架不了战争所给予的试验，她是老迈的。而因明治的维新复兴了的资本主义的日本，却反而返老还童，征服了我们的提督们和将军们好战的自慢"。

资本主义击溃了封建国家，无意义的侵略战争替革命铺平了道路，历史本身证明了它的发展规律。

四

首先，最主要的一件事，当第一太平洋舰队覆没的消息传到俄国，第二太平洋舰队正在编组的时候，海军士兵们就已明白"简直去送死"，将军们将"领着他们上天国"。

官长和士兵们有许多都是生手，害怕着海和它的不可知的命运，一部分是上了岁数的杂凑的人群，战争对于他们，就像地狱一样可憎。一些受过海军训练的青年们，也都是阴郁的家伙，被逼参加。再剩下一部分就是像普里波衣和 V.P. 珂斯塔珂一类人，被看作不良分子，送进舰队去送死，作为肃清革命的手段。

远在海战发生前，克拉多少校在《新时代》上发表的论文，就指出日俄双方的实在力量。沙俄方面的全舰队，分作三个战舰队，两个巡洋军队，两个水雷战队。有"庶华洛夫""亚历山大三世""鲍罗丁诺"和"奥里约""奥斯里亚比亚""西梭·维里基""那瓦林""尼古拉一世"和装甲巡洋舰"那齐莫夫提督"等主力舰，和十四只运输船，二只病院船。拥有五十只舰船，内中军舰三十七，商船十三，看起来倒是一个惊人的战斗力。但其中却充满着运输船，因为沙俄舰队在整个海程中没有根据地，虽然是赘疣，延缓速率和必需分出力量来保护，但是不能不需要。

相对的，日本方面有十一只很强有力的军舰，还拥有十二至十五只一级和二级的巡洋舰，全都是快速的，而且各装最新型的大炮。除此之外，又有十五只炮舰，最少包含有五十只的水雷战队。沙俄方面可以对抗的，有五只最新的和两只窳旧的战舰，装甲巡洋舰有旧式的一只，另一只则装甲不够。另外还有五只装甲的一级和二级的巡洋舰，其中有一只是旧式的。驱逐舰只有十只左右。

在比较了双方舰队的战斗力之后，克拉多得到这样的结论，日本舰队以一·八比一，即将近二比一的优势凌驾俄国舰队。

而且，日本在他们自己的海上作战，有许多船坞、仓库、船渠和一等海港等等。俄国却只有海参崴。而且，要是打不过日本，便不能驶到那儿。此外，一方面有战争的热情，优秀的军纪和团结；一方面则是厌战、沮丧和叛乱。

而且，沙俄的舰队本身就是官僚的产品。舰队中窳旧的军舰，在离开海军船坞之前，都曾加以修理。最优秀的军舰则全是最新式的。所有这些都是花了实际建造费两倍以上的费用才造成。但是，这些舰船还是不稳定的，因为它的舵轮欠灵活，此外还有各种别的缺点。

为什么会这样的呢？那是官样文章太多的缘故！神气俨然，刚愎自用的提督们。发出与他们职位相当的命令，幕僚们就书写各种适当的标签。收到公文架上去的文书、报告书和说明书在办公室里如山一样地堆积着，检阅的回数不知有多少。负这些检阅的高官们，向小官们询问检阅的成绩，小官们便再三向他们保证，一切都是所有最优良的海军中的最优良者，于是高官和小官互相满意地告别。

海军领袖们差不多全是笨蠢的官僚和顽固的因循家，把下级士兵当做一群羔羊，一群未来的牺牲，一群没有权利且又缺乏独立思考能力的蠢才。

旧式的帆船一直使用到日俄战争时代，虽然俄国海军已经采用蒸汽机了，帆船仍然是他海军的训练所。俄国舰队的每个提督，都在这一类船上获得他的海上经验，被古旧的习惯和传统弄得十分顽固。当这具有能发出三倍能力的电力和水力的机械，和无数的专门技术的新锐舰队行动时，这些提督们却依然保持着完全像农奴时代那样的社会形态。

海军最高领袖阿力克赛·亚历山大洛维齐大公时常视察舰队，他从未认清作战的组织在实际上是没有的，他的绰号叫"贵重的肉二百八十磅"。

第二太平洋舰队提督济那维·彼得洛维齐·卢杰斯特温斯基，专权、暴戾、刚愎自用，而又无能力，完全缺乏海军或陆军的才能。他从来不和其他的提督舰长以及自己的幕僚讨论作战的计划。对于这次海战，奇妙到使人不能思议的，竟根本没有作战计划。他也不给部属以训令，以通知，独断独行。在他就任全舰队司令，率舰队从波罗的海出航三十六小时之后，就闹了哄动世界的霍尔事件。舰队经过北海独兹浅滩，一个叫霍尔的渔船登记海口，看见有渔船的灯光，以为是日本舰队，大放其炮。幸而俄国舰队的射击太不高明，只打沉了一些渔船，和打伤了自己一条军舰，然而，全舰队已经受够了惊吓了。

当舰队靠近日本海的时候，他发出指令，要舰队尽量装煤和清水。装甲大半淹入水中，把战舰弄成运煤船，失去速率和战斗力。命令假定旗舰沉没或离开战列时，挨近的主力舰依次指挥全舰队。事实上，从旗舰"庶华洛夫"号离开战列以后，这个舰队在五时半的决定战斗中，没有一个提督在指挥。实际在指挥的，是不知名的官长，甚或是个下士。他命令把三十八只舰船的舰队以密集的阵形开过朝鲜海峡——日本海军的根据地。而且，他故意拖延通过海峡的时间，为的是可以使海战在五月十四日，沙皇即位的纪念日遭遇，博取沙皇的高兴。

五

没有哨戒，没有侦察，到五月十三日了，轻快巡洋舰没有任务。

舰队驶近日本的警戒区，奉令灭灯，可是旗舰高墙上发光信号却在闪亮着，显示舰队的地位给敌舰。病院船灯火尤其辉煌。

舰队的组织是反常的，快速的新舰和老朽的旧舰编在一起，大大降低了全舰队的速率。

五月十四日上午五时，全舰队在远航了八个月之后，第一次遭遇到敌舰。在作感恩祈祷，喊了沙皇万岁的仪式时，战斗开始了。完全不知道敌人的主力和意向，旗舰发出信号改变战斗序列。各舰正在改变时，又奉令恢复原来阵列，于是发生混乱。日本舰队以优势的速率拦住去路，东乡提督的旗舰三笠号驶在日本舰队的前头。战舰"富士""敷岛""朝日""出云""八云""浅问""吾妻"和"磐手"等紧跟在后面，速率每小时十五浬到十六浬。沙俄的呢，队形混乱，速率减到九浬，正给日本舰队造成良好的炮标。

"奥里约"号中弹了，受到严重的损害。"庶华洛夫""亚历山大三世"两条主力舰都起火了。"奥斯比里亚"沉没了。日本舰队集中全火力依次轰击沙俄的导舰，由于速率和炮型的一致，射击的准确，两方的命运，两个敌对帝国的命运于此决定了。

日本烈性的炮弹毁坏力极大，粉碎沙俄舰队舰面的建筑物，毁坏炮具，破坏交通，引起火灾，散布伤害和死亡。而沙俄的呢，是穿甲弹，要在相当短的射程内才能奏效，到战斗结束时，日本舰队依然完整，简直没有受到损害。

"庶华洛夫"受伤，离开战斗序列，整个舰队迷乱了，各舰在单独作战。巡洋舰留在后方掩护运输船，驱逐舰退到敌人炮火射程之外，降为救生船。

到第二天黎明，提督尼波加纪夫发见舰队只剩下五条军舰，而且都失去战斗力，已经被包围了，竖起白旗投降。

俘虏们被带上日本战舰"朝日"号的时候，使他们吃惊的是丝毫没有被沙俄炮弹伤害的痕迹！

五月十七日早上，"朝日"野本舰长请"奥里约"号伏埃伏丁队长谈话，野本问：

"食物有什么不合式的地方吗？"

"食物非常好，舰长阁下。我们只有一个麻烦——没有汤匙，我们不晓得怎样用你们用的筷子，所以只得用手指把饭塞进嘴里去。"

野本不禁笑了起来，"我恐怕你们现在还得忍受它。我们没有想到俄国人会投降的，不然，我们一定要带许多匙子来。可是你们一上岸，马上就有了。"

第二太平洋舰队的舰船能够到达海参崴的只有两只驱逐舰以及一只毫无用处的二级巡洋舰。

在整个战争中，日本失掉两只战舰和两三只中级军舰，却消灭了整个沙俄海军。由于打捞俘获和投降的沙俄舰船，日本舰队反而增加了五、九五五吨，商船一三八、四三八吨。对马海峡海底埋着五千多苏俄的农民，在同一战役中，日本只损失了一百十五人。

瓦西里耶夫举出一个双方炮火比较表：每分钟发出炮弹的总量：俄国一三四发，日本三六〇发。每分钟射出金属的重量：俄国二〇、〇〇〇磅，日本五三、〇〇〇磅；炮弹爆药含量：俄国十二吋炮弹装爆药十五磅，日本的装"下濑爆药"一〇五磅；沙俄舰队每分钟射出五〇〇磅高度爆药，日本则为七、五〇〇磅。

卢杰斯特温斯基提督在一九〇六年回国后，受军事法庭审判，承认他应负一切责任，包括下令投降。但是，他被释放了，因为要惩戒他是不可能的。他知道各种在幕后发生的海军事项，他知道官庭内许多人员与有关系的财政上的狡诈。

六

这本书是我所见到的第一流的历史纪录：它指出对马海战不单是军事失败，而且是专制政治，封建制度的整个破产。

就文学的园地而说，作者也是非常成功的。它描画出将军和士兵，两个敌对的阶层的敌忾，刻塑出从提督到士兵每一个人的性格，几十只舰船的行动，一万多人的战斗行为。在同一时间，在炮弹纷飞中，在熊熊大火中，舰船在沉没，在挣扎。每一个细微的场合，都叙述得尽致、生动、翔实、有力。

五百页的大书，我们要谢谢译者梅雨先生，他介绍了这么值得读，尤其是这个时候应该读的书。也谢谢出版者新知书店，有这魄力出版这样一本大书，在这个贫乏的无声的日子。

四月四日

记第八大队

—— 还乡散记之一 ——

一

第八大队的全名是□□军区三五支队第八大队。

第八大队的根据地是我的家乡，义乌西乡，活动区域包括义乌、浦江、东阳、金华一带，开创的两个领导人物是我青年时代的朋友。在队里工作的多少文职人员，不是我的父执兄弟侄辈，也是同族乡党。更多的战斗人员说起来很少不是熟人。

在国军西撤，把列祖列宗所付遗的神圣土地，听凭敌人蹂躏以后，这一支人民自己武装起来的力量，几年来不屈不挠和敌人作殊死斗，保卫了家乡，发扬了义乌人的传统精神——明代戚继光所组织指挥的歼倭军，正是由义乌子弟三千人所组成——光大了中华民族的正气。然而，等到我们惨胜，敌人惨败之后，国军回来了，乘机收复。三五支队退到苏北，第八大队主要人员也随之撤移，局面就整个变了。这十个月以来，这一支人民的武力被加上另一种徽号——奸匪。甚至过去他们所养的鱼也叫作奸匪鱼，狗也是奸匪狗了。没有撤退，来不及撤退的被强迫自首。不肯自首的被逮捕，拘囚。撤退者的家属，本人跑了，就向他的家属算账；经常过着被胁迫，被勒索，被恫吓，不能忍受的生活。

匹夫无罪，抗日其罪。照某种人的逻辑，中国人只有共产党才抗日，也只有共产党才真正抗日。共产党被钦定为奸党，参加共产党的自然是奸匪了。第八大队不幸，它的任务和光荣的历史性的成就，恰恰只有一项——抗日，于是成为奸匪了。

在明白了第八大队之所以为"奸匪"的由来以后，不禁恍然大悟，原来若干月以前报纸上连篇累牍发表一长串胜利勋章和什么什么章的获得者，连太太们也有一大批的道理来。也明白了为什么那么多的伪军将领加官进爵的道理来。也明白了为什么硬向饥民灾民搜括出最后一粒米，来供养那些千万脑满肠肥的日俘的道理来！

到底是孔夫子说得不错："吾道一以贯之。"又道："举一可以反三矣。"

二

十三年了，一生能有几个十三年！

在我离别家乡的十三年中，多少儿童成了人，多少青年走入中年，也有多少中年人成为鬓发皤然的老者。

时代的磨炼使这些人坚贞，使这些人成熟，也驱使这些人走上战斗的道路。因为他们全明白，只有战斗，用自己的力量，用自己的血来保卫自己，才是唯一的一条生路。

义乌于民国三十一年四月初八日沦陷。

地方政府不见了，照例作官的人的脚是特别快的，有好处他先来接收，发胜利财，接收财。有危险呢？他先溜。国军也撤退了，剩下三十二师一团也在准备开拔中。

敌人在到处建筑碉堡，征集民夫。

义乌人民不甘于被奴役，用种种方法挽留国军这一团，而且自动供给粮食，自动引路。在四月二十日这一天，毁了敌人几个碉堡，杀敌十数人，这是义乌人民抗敌的第一个信号。

跟着最壮烈的一幕展开了。

五月初二日敌人来扫荡了，浩浩扬扬，全副近代化配备的精锐队伍数百人，道经西乡一个市镇，吴店。

奇迹出现了。吴店（南平镇）和附近各村庄人民不约而同，肩着锄头、草钯、扁担、大刀、鸟枪，搭配着少数地主的自卫武器，一下集合了两三千人，拦在路上就打。虽然武器的差别有几百年，可是一来出敌人意外，二来敌人地理不熟，三来人民的人数超过敌人十倍，敌人被挨了迎头一棒，只好退却了。被缴下七支枪，这是义乌人民第一次抗日的胜利品。

第二天，敌人明白过来了，恼羞成怒，集合队伍来报复，烧了九个村子。村名是横大路、破溪头、上柳家、上姜、畈田蒋、西周、石狮塘、傅村、下溪。

敌人的拿手好戏，三光政策，抢光、杀光、烧光。这一把火烧得多少人无家可归；可是，这一把火也把这区里区外人民的抗敌意志烧得更坚强，更镇定了。谁都明白，有敌无我，有我无敌，敌我不两立的道理。也更明白，光凭勇气，光凭斗志是不能给敌人以无情的打击的。要坚持下去，要做得更好，还得有组织，有计划，要有指挥人员，也要有更多部门的工作人员。

于是不久以后，第八大队成立了。

第八大队成立于民国三十一年八月，南平镇之战以后。

义乌民间是有不少枪械的，由于过去若干年来的政局的不安定。大约是民国二十年左右吧，西乡闹土匪闹得很凶，杀人放火，真做到无法无天的地步。少数几个不逞之徒，搞上一两支枪便可以横行无忌。地方政府不大敢惹，人民只好自己想办法。有钱的地主们便都想法自办枪械，弄一些左轮、木壳枪，来防身防家。中农贫农买不起枪，便出力气。地主和农民通力合作，个个村庄都建造栅门（阡门），封锁村子要口。一有事，一打锣，便全村出动，而且邻村也闻声援助。这样一来，算是把那时期的匪患度过了。地主们也由此建立起威信。另一面，地方上也出来一些勇士，成立了保卫团，专门搜捕土匪。逮的逮，杀的杀，算是把匪患肃清了。这些人的领袖是一个裁缝工人，勇敢，机警，由于剿匪有功，也由裁缝一跃而为保卫团长，而为绅士，而为警察局长了。

西乡，义乌和金华交界的地方，有几个较大的村子，中间隔着一条水。水西有傅村、畈家蒋、杨家，水东有吴店（南平镇），相隔都只有三五里路。这几个村子的地主们都有好好歹歹几杆枪。

南平镇之战后，畈田蒋和杨家两个村子起了冲突。畈田蒋人来缴杨家的枪。吴店人和杨家人有交情，出来救援，这纠纷算避免了。可是怕下次再寻仇，觉得非有经常的联系和组织不可，于是就产生了第八大队。

如上所说，第八大队一开头是地主们的自卫组织，毫无政治气息。

队长选出杨家人杨德鉴。

德鉴的父亲是杨家村的首富，也是西区数一数二的大地主。一生勤勤俭俭，穿得比普通农民还破烂，吃也吃得不好，放账收二分利，每年增加的息金都投资到土地上。这老人爱惜他的钱财甚于他的生命，陌生的人看见他决梦想不到这人会有钱，而且有很多钱。他俭省到不让儿子读大学，每个儿子读完中学，就叫回来替他养孙子，收田租，管家务。

德鉴受的当然是中学教育，为人精明而又忠厚，比父亲慷慨些，喜欢朋友。在乡下，读过书而又有钱，自然成为绅士，大事小事都得有份，跑腿说废话看作是有面子。

他喜欢看报，可是不大读书，也许是没有工夫吧。对于列宁、孙中山，他当然知道名字，可是我相信他决不曾读马列的任何著作，也许也没有读过三民主义。因为有饭吃，不想作官。在中国，除了吃官饭党饭以外的人，是用不着考党义，因之也用不着读三民主义的。

成立不久以后，钱南军派了一位高级参议吴山民来，帮德鉴指挥。

吴山民是西乡里便山人，受过大学教育。就他的经历说，曾经当过二陈的秘书，当过义乌县县长，必定是国民党员。他在外面作过事，而且在前几年作过本地父母官，有学问，有政治经验，抗战起后又参加过军队，地方声望极高。

据说，他当县长当得不错，结果是撤职。撤职的原因，据说在受训时和教官顶了起来，用思想问题的帽子撤了差。

这样，第八大队就在一个开明地主和一个国民党员之下展开活动了。

而且，在同年十一月经流亡在邻县的县政府核准，成立义西联防队，第八大队属之。民间的自卫组织一变而为政府承认的合法的武装团体了。

到三十二年十一月，义西联防处解散，第八大队改称为第三自卫大队，杨德鉴辞职，大队长职务由季洪业继任。

季洪业不久也辞职，队长由李一群继任。一直到民国三十四年八月二十二日撤退为止。

第八大队的历史生命前后恰好是三年。

人数最多时连公职人员在内，大概有一千人左右。

组织分中队四，特务队一。

第八大队退出以后，由国军组宣抚团，办理自首工作，进驻的国军是二十一师和三十二师。

代替第八大队的是从未参加抗战工作的义南联防办事处。南区自卫大队，推进到西区来，任务是肃清奸匪。

这小小一角落三年零十个月的变化，也就象征着整个中国十年来的变化。

三

第八大队成立以后，对敌的经济封锁，武装战斗，一步步有计划地展开，立刻得到全体人民衷诚的合作。

形势是非常险恶的，敌人驻兵在义亭（浙赣铁路的一个小站，离南平镇十里路），在佛堂（离南平镇二十里），在县城（离南平镇四十里）。义亭被叫作阴阳界，过去是敌区，过来则是游击区。

第八大队成立了很多小组，专门的任务是阻止任何人以物资资敌。经常在界头巡逻，阻止商贩走私，在不得已时，劝导不生效时，当然只能用武力强制执行。这对敌人不能不说是一个大打击。可是这十个月来，也为此引起无穷尽的纠纷。过去被阻止的商贩，纷纷出来告密，报复当年的仇恨。

武装战斗的次数和成果是无法统计的，只能举出典型的几次作个例子。

（一）长背之役　时间是三十一年十一月，地点在长背。离南平镇八里的一个小村。这一天敌人派宣抚班到长背来宣传皇军恩意，圣战目的，有一队日兵保护，还附有迫击炮。正在村祠中说得天花乱坠，人民睡意蒙眬的时候，第八大队来包围了。伤敌队长，杀敌数人。宣抚班就此落荒而走。

（二）西皇塘之役　三十二年八九月间，敌人到西皇塘来抢粮食家畜，第八大队得了情报，埋伏在西皇塘附近的田儿头地方，来一个突击。敌人十五人全军歼灭，里面有一个分队长。

（三）黄宅市之役　黄宅市是邻县浦江的一个大市集。这次是出击了，毁了敌人的碉堡，俘敌八十余人，内中除伪军外，有一部分是日本人。

（四）苦山之役　三十二年十月十五日，敌人为了消灭游击区，展筑公路，把上溪到义亭的路筑通以后，就把游击区和外面隔绝了。而且这条路一头通金华，一头通义乌县城，是一条军运动脉，也是经济动脉。这一天第八大队出动了，用武力阻止敌人修筑，在苦山发生了遭遇战（苦山离南平镇三里）。此后敌人日夜兴修，第八大队也日夜破坏，这条路终于不能修成。

（五）南平镇之役　时间在三十三年四月十七日，地点又是南平镇。这一天敌人三十四人由一队长率领到南平镇巡逻，平时敌人是有点害怕这地方的，这一天忽然胆子大了一点，早上来，到下午还不走。恰巧第八大队在附近乡村开会，得报立刻整队包围，发生激战，战果是敌队长阵亡了。余下的人只逃出九个，其他全部被歼灭。据参加这战役的战士说，要不是靠晚时忽然下大雨，要不是天黑了，这九个也漏不了网。

第二天敌人来报复了，报复的方法是放火。十八、十九、二十连烧了三天，市廛精华，化为焦土。事后估计，被烧的房子约一千间左右。

经过这一仗，虽然南平镇人民物质上的损失是难于估计的，可是在另一面，一直到敌人投降为止，敌人不敢再到南平镇一步。

（六）曹宅之役 曹宅是邻县金华的一个大市集，三十四年四月间第八大队得报出击，歼敌四十余人。

四

虽然我在家只住了四天，可是我和所有各阶层的人们谈过话，包括身亲各战役的战斗员，自首的公职人员，第八大队以外的地主，中农贫农和保甲长等等。教育程度一部分是中学生，一部分是受过小学教育的，更多的是不识字的农人。内中当然包括我的母亲，她是吃过和第八大队并行的农会的苦头过的，她被他们叫做"顽固分子"。

然而，不管他们的教育程度，文化水准，职业区分，家产高下和社会地位，我得到一个一致的答案，第八大队好到他们从未见到过听到过的程度。

就纪律说，我在上文说过，第八大队人数最多时有一千人左右，这样大的一个武装队伍，就西区人民说，似乎不觉得它的存在。平时分散在各村各家，谁也不觉得。一作战一行动立刻以整齐的行列出现。

我家的房子在村子中是最大最好的一所，有一时期曾经驻过第八大队百多人。母亲告诉我，他们很客气，从不乱动用我们的东西。

附近一带，在第八大队存在的时候，没有土匪，更没有强盗，不用说小偷了。田里的农作物，园里的果树从不曾短少过一把一颗。

在第八大队活动的三年中，从也不曾和伪组织发生过一丝一毫的关系，假如有，那是在作战的时期，用刺刀和步枪见面。

就战斗精神说，我愿意引用一个壮年的贫农的话。他不识字，可是有胆子，有力气。他上过阵，也杀过日本人，会放步枪和木壳枪，这是他们最好的武器了。他也见过另一个军队的战斗情况。

他比较了两种战争，一种武器不好而士气旺盛，战斗力强；一种武器精良而士气不振，战斗力弱。最后下一个结论说，就他的经验，后一种军队和他的政府，光就这点说来，是绝对不会有前途的。

我问他为什么能有这勇气上阵口放枪，而且敢于杀敌人。他说，一点也不奇怪，这仗是为我们自己打的，而且，更重要的是我们自己要打。我不去打，敌人就打来，杀我的父母妻子，抢我仅有的米麦，而且还要烧我的破房子。试问，谁愿意自己或自己的父母妻子被屠杀，被污辱呢？谁肯甘心情愿让敌人把粮食抢走，房子烧光，挨饿挨冻，流离失所呢？一上阵，想起了这些，不由得不勇气百倍，和敌人拼个你死我活。

一句话，为什么士气旺盛，因为每一个战斗员明白他为何而战。这样也就明白上边的另一个问题了，为什么第八大队能有这样好的纪律？因为第八大队是由人民产生，属于人民自己，为人民服务，生活在人民之中，而并不是像另一种"军人第一"的军队，高高在人民之上的。

最后一个问题是这军队的给养从何而来？

第八大队的给养由自卫谷供给，办法是照各家负担能力每月负担多少谷子，此外别无所取。因为他们没有饷金制度，也没有服装费，除了吃饭以外，是用不着其他开销的。下面附着一张我家里保存的收据：

```
┌─────────────────────────────────────────────┐
│              南字第      号                     │
│                 今收到                          │
│                 乡                             │
│  南平      镇  一保吴瑸珏户卅三年八月至卅四年七月    │
│ 自                                            │
│ 卫  区及乡镇经费在内合计谷伍拾市斤此据              │
│ 谷              义西经委会办事处主任    吴山民      │
│ 收                      副主任       杨广平       │
│ 据                                     签字      │
│                      经收人        吴璧祥        │
│                                        盖章      │
│  中华民国卅三年十一月五日                          │
└─────────────────────────────────────────────┘
```

吴瑸珏是先父户名，吴璧祥是我的堂兄，这时在当保长。

一年五十市斤的自卫谷经费，较之这十个月来乡公所每月三十市斤的什么经费来说，是轻微到万分的。而且，据我母亲说，的确很轻，别家比我家还要少。

不止如此，第八大队还协助流亡的县府，替他收粮，作流亡经费呢！

五

坚苦抗战了三年，生活在血泊中，在敌人扫荡的威胁中，得不到地方政府的支持，得不到中央政府的指示或援助，更谈不上什么国际援助之类了。

然而，这些可敬的人们，在大风雨飘摇中，屹立不动，以坚贞肯定，毫不犹豫的决心，不但在消极的抗拒敌人，而且还在积极的主动的去打击敌人。

是他们继承了戚继光将军麾下义乌勇士的荣光。

是他们为国家为民族保存了这小块干净地。

是他们起来保卫了自己，保卫了人民，保卫了主权。

是他们发扬了中华民族的正气，替可歌可泣的抗战史插入光辉的一段。

然而，从去年八月二十二日以后，这支人民的武力被视为奸军了，这些可敬的人们被叫作奸匪了。

多少人在逃亡，在流离。

多少人在魂梦不安，在等待别人告密。

多少人在拘囚中，在酷刑虐待中。

十天前，正当我回到这第八大队的出生地的时候，县长警察局长正在率领军警清乡，肃清奸匪，强化治安，并且还有密告箱的设置。

德鉴避居金华。有人告他是奸匪，在被勒索四十万元以后，案子仍未了结。

山民逃亡在外，他家原也素封，尽够吃用。家里住宅几次被敌人放火烧光。但是，如今已经是三餐为难了。留在家的太太妹妹和儿女经常被警察和自卫团访问，并恫吓要逮捕她们，正在走头无路，出不来，也活不下去。

这是抗日战士的下场，第八大队撤退后的尾声。

然而，人民的眼睛是雪亮的。

抗日有罪，呜呼！

三十五年七月七日为纪念芦沟桥而写

浙道难

——还乡散记之二——

一 蜀道难于上青天

复员了，离别家乡十三年，非得回家看看家人不可。

说是公教人员不如说是义民还乡，虽然义字有点不大敢当，还是说难民吧。除了向学校领得一人二十五万元的路费以外，交通工具学校不能管，政府不愿意管。走滇越路，此路虽无共产党，还是不通。走公路，虽然有的是逾龄的四肢不全心脏麻木的烂汽车，可是一来怕抢（虽然此路也无共产党），二来怕翻车，三来沿途食宿也开销不起。而且还有最严重的问题，受了战争之赐，病了八年，拖得快死的老婆实在也经不起十几天的公路颠簸。条条路都不通，只有乘飞机。

飞机，难！难！难！凑巧在我结束了功课的时候，碰上好运道，难上加难！据说昆沪班因赶运军用物资停航。昆渝线呢，原先一星期四五班的也因军事关系减为两班。而这两班又是将军们有优先权，当然啰，军事第一，军人第一，虽然对日战争已经结束了。

从四月十七日起，到处托人，天天跑中航公司。一跑跑了二十天。

说是军人第一也不尽然，每天上下午在航空公司所见的，有老太太，摩登少妇少女，一堆一堆的小孩子，还有神气飞扬的大腹贾。个个有办法，尤其是大肚子一类人，只要附耳喊喳一下，飞机票就到手了。还有，我所服务的学校，每天每班总有几个男女学生，有搭当班飞机的福气。每天每次欢送若干人飞行，每天每次在航空公司的一角落，坐冷板凳。尽管跑断了朋友们的腿，说烂了朋友们的嘴，还是得等待等待，等待到昆明不再有人到重庆的一天。

终于，由于一个朋友的到达，这朋友几年来听够了谎话，也学会了无伤大雅的一套。他替我写了一封信，编了一套让人笑断了气的幽默故事，当天见了什么处长，第二天，五月七日中午终于挨进一架运输机了。

说是每人只许带十八公斤行李，多一丝一毫也不许可的。奉公守法的小百姓，只好把被盖冬衣书籍一概割爱，决心到北平去挨冻了。可是，在上飞机以前发现了一个奇迹：有一个认得的商人，带了一大堆杂物，大包小包总有五六十公斤吧，不过磅，当然也不需要纳费，一样样有人替他从另一个门路送上飞机。

航空公司的职员口口声声这是重量飞机，过重了会出毛病，对乘客安全是会出问题的。

在重庆，当然也不会和昆明两样，而且，还加上一样，恭逢中国航空公司罢工之盛。同样工作，两样报酬，为的不是高鼻子，蓝眼睛。政府学会了美国的一套，派空军接收。罢工人员一律免职。中国航空人员除了在国营公司服务之外，是没有其他出路的，只好屈服了。还是同样工作，两样报酬。

等了三十三天，终于挤上飞机了，六月九日到了上海。

滇道难，蜀道更难。

以为从此再无难路了，不料难的还在后面，浙道难而又难！

二 浙道难于入地狱

六月二十五日由上海到诸暨，第二天中午到家，躺下了两天。

七月一日从家到杭州，第二天下午到上海，病了三天。

浙道难于入地狱，先要声明一句，至少我一天半的旅程中，都是中央政府的直辖地区，并非解放区，更无共军。这笔账算不到共产党头上。

沪杭车是畅通的，一生没有坐过二等车，这回颇想开荤。第一天买了票，兴兴头头一清早，离开车还有半个钟头到了北站。

挤上二等车，满坑满谷，早已满座了。无法，昏头昏脑从每辆三等车窗望进去，连站的地方都难得找到。出了一身大汗，溜进头等车，也满了，只好在一个窄窄的走廊上，凭窗远眺。在思索，研究，这繁荣的所以。

想了又想，道理出来了。

原来经过这九年，整个社会阶层起了质变了。在我，初次买二等票是开荤，想勉强挨进二等人物（以财富计算的）之林，在我以外的林林总总之侪，却早已升班了。十年前的小店主今天已是大老板，十年前的小瘪三，今天已是大亨。还有，胜利财，接收财的获得者；还有，乡长保长之类；还有，伪官伪将军之类。金条尚且成箱成库，头二等票何足道哉！何足道哉！

正在思索中，车上的侍役发现了我的窘况，问我有没有票，把对面的小房门一开，很舒服的一间小屋子，蓝丝绒的沙发，空得很，迟疑了一下，也就进去坐下来了。

因祸得福，居然坐了头等车，而且还是一间精致的小房子。到杭州，小妹妹在车站外等着，吃了一顿饭，就搭上到诸暨的火车。

这条路原来叫杭江路，后来拉长了，叫浙赣路。十三年前回家曾搭过一次，那时钱江大桥正动工，从杭州搭车先得坐渡船过江。在我的记忆中，这条路是中国的资本，中国的技术人员，从测量到通车，完全不假手外人所造的唯一的最成功的铁路。车厢整洁，有秩序，给我的印象极好。

可是，十三年后，在敌人投降十一个月以后，我很惊诧。这是我生平所看到最坏的铁路，最坏的车厢，最龌龊，不干净，最无秩序。时代在进步，这条路却退步到令人难以想像的地步了。

只卖三等票，卖票时摆成一字长蛇阵，而且一人只许买两张。我同行的有三个人，两个人回学校拿什物去了，只好临时拉一个初次见面的学生帮着买票。

拿了票进月台，一看四节三等车全挤满了，塞不进一条腿，退而求其次，并无四五等车，只有一种铁篷车，也挤满了人。挑了一节空一点的挤进去，把箱子放下当座位。仔细一端详，这车有许多特点：第一无窗户，只有两边两个大铁门。第二无座位。第三车顶和车壁一层层有许多大铁圈。第四满地牛马矢，臭气熏天。综合这些特征，恍然大悟，原来这车不是预备给人用的，本来的用处是运牛运马运猪羊鸡鸭之类的，简言之是畜生车。君不见那些圈子乎？正是用来拴牛拴马的。改而运人，人没有绳子拴着，因之，也就一路丁丁当当，显得英雄无用武之地了。

这条路我搞不清是国营商营的。不过，无论如何，拿畜生车运旅客，把人当畜生，不能不算是国家或商家优遇人民的恩意了。

一来一去，我被派当了两次牛马，呜呼！

路基是不平的，颠颠倒倒，加上司机先生的手法，停车轰轰然，开车訇訇然，把人左摇右摆，倒得满地。加上臭气袭人，铁皮子加火热的太阳炙人，连熏带烤，终于到了诸暨。因为没有表，估计走了四个钟头。

在诸暨住了一晚。第二天一清早搭上一辆大卡车。

朋友说，来得是时候。早两天，闹大水，火车只通直埠，离诸暨还有好几十里。而且，搭卡车，够危险，一辆出了事，翻在一个小塘子里，车中人全遭灭顶，行李全部损失。原因是路旁的木桩早已不见了，土松，车子一歪就下水了。另一辆也翻了一个大跟斗，死伤人数不详。

想了想,性命要紧。可是,十三年了,拼着命也得回去看看年老的母亲。

挤上卡车了,被挤在车尾巴。

车子当然是美制的,两旁有两溜高一点的算座位,中间堆行李,行李上还坐满了人,挤得不通风。同车的老旅客说,这还算是空的。天啊,我的脑子中简直无从想像不空时的情形。

车子呜呜开了,走一步跳一下,身子也跟着跳一下。走到坎坷的地方,一跳把人跳有几尺高,一直跳到目的地。我替这条路这个车发明了新名词,路叫跳舞路,车叫跳舞列车。

一手攀住车旁的铁栏杆,一手抱住小箱子,坐在挺硬的钢皮上。一会儿手麻、眼花、头晕、脚酸,一会儿全身疼痛,四肢百骸好像都给跳碎了。眼睛还得看住同行的两个小女孩子,不懂事的中学生。

一个中年人,估量是个经过世面的,索性站在行李堆上,两手攀住车顶钢条,像翻杠子似的。一路只见他在跳,一会儿脑袋跳到齐帐篷,一会儿又一顿顿在行李上。

女孩子男孩子们索性爬坐在车子边边,两手左右开弓,攀住栏干。身子跟着车子跳,到可以省得屁股颠痛。

颠,跳,摇,摆了四五个钟头,终于有这一时刻,下车了。沿途目送下车的旅客,肚子里在替他祝福。好了,在下车的时候,情不自禁对尚在受苦难的难友说,到了西天了,苦难受够了。再见。

下车时深深吁了一口气。

和同车难友研究,沿途观察,明白了这条路的情形。

原来并没有公路,汽车而走非公路的路,奇迹一。

没有路面,只是沿着原来的铁路线,没有铁轨的铁路面,没有碎石子,有的只是宽一丈五六左右一条黄泥带子。有的地方连路旁的木桩也没有,左缺一口子,右缺一口子,不管路边是水洼子,是池塘。有的地方路面只剩六七尺,两个车子对面来了无法通过。有的地方根本路面陷下一大段,临时来一条支路。有的地方尽是大窟窿,小窟窿。总之,是没有一段,甚至一小段的平地。然而,车还是开过来了，奇迹二。

翻了多少次车，死了多少人，损失了多少财物。车子照常开，旅客照常搭。生命和财物的安全车主不管，旅客无法管，政府不愿意，懒得管。除了人人抱怨太苦以外，从未有人提抗议，奇迹三。

这条路为什么弄到这步田地呢？

已经说过了，并非公路而是铁路。而且是没有铁轨，没有路面的铁路线。

中国人的天才，对这废物加以利用。

路轨似乎是中国政府自己拆的，恕我不知其详。可是在日本人投降十一个月以后，还是没有铁轨，没有路面。交通是破坏了，的确是不通了。然而，这区域并无共产党，我不好意思算在他们账上，虽然我受了太多的罪。

不通的路而居然通，这是商车主通的。跟着公路总局也来通了。

然而谁也不愿来修公路，甚至培养它一下，例如补打木桩，修平路面之类。

理由，第一，这条铁路迟早要通车的，尽管是多少年月后。既然如此，修公路不合算。

第二，公路局每天只开几辆车，犯不着来铺路，养路。商车吧，一个车行开一二辆车，当然，谁也不愿管，而且，也无力管。

第三，政府当局呢？忙着修和军运有关的什么津浦陇海平汉之类的铁路。这边没有共产党，无从进攻，用不着替老百姓修铁路或公路。

谁都不管，于是这条孤儿式的路，在日本人投降十一个月以后的今天，依然没有路面，没有铁轨。依然左一口子，右一口子。依然大窟窿，小窟窿。依然是交通不通，不通火车通卡车。让它翻车吧，让它死人伤人吧。不死不伤有福度过八十一难的，练习了一次长途跳舞，收强筋健骨之效。

这是中国的交通，是中国人民所享受的民生主义中"以利民行"的实迹。

我在这次跳舞旅行以后，不能不感谢前交通部长俞飞鹏先生，现交通部长俞大维先生，前浙省主席黄绍雄先生，现浙省主席沈鸿烈先生和其他负责交通和民生责任的领袖人物。因为他们的政绩，让我更明白更了解许许多多的事情。

我也准备在未来的历史上写上一笔，每一个在这条路开车的司机都应该得英雄奖章，是他们的杰出技术，救活了每一个平安到达的旅客。

三 人民的战斗和苦难

杭诸车经过南星桥，经过闸口。这一条长街，过去相当繁盛的长街，在车中所见，两边厢都是断壁残垣和向荣的青草。我在思索，在怀念，这一带的居民，过去列肆的主人，善良的住户，今天流落在何方？生活在何处？他们曾否得到日寇的赔偿，曾否得到不遭误用的救济物资？

进了萧山诸暨义乌境内，两旁边所见也还是断壁残垣，也还是一片青草。

经过一个残毁的村庄，经过一个东倒西歪的村落。每一村一庄一房一舍的被焚毁，都包含有一段壮烈惨绝的故事。

我记不起这村庄的名字了。有一队日军来驻扎了，事先他们还以为是国军，直到看见他们的帽章，军官和当地人民要用笔谈话以后，才知道是敌人。

开头两三天还好，大家战战兢兢躲在家里。突然要给养了，要伕子了，要"花姑娘"了，要这个那个了。

一天，一个骑马的军官被锄头打死了。日军点名时发见缺了人，而且发见了血迹。

于是举行膺惩了。村四周架了机关枪，每座房子堆了草，浇上汽油。一个命令，全村起火，逃出来的全被机枪射死。

离我的家有五里路的一个小村，叫吴村。大概有二三十家住户吧。有三个日军来搜索物资，牵走牛羊，连鸡鸭也要。村民忍受不住了，在糖梗地里埋伏起来。日军牵着战利品悠然归去，村民突出，一锄头一个，锄死了两个。第三个受了伤，跑掉了。第二天日军又来膺惩，照样在村四周架了机关枪，放射了烧夷弹。立刻全村起火，老人、小孩、壮丁、女人纷纷冲出，一概射杀，直烧得片瓦不留，人烟尽绝。

故事的发展和结果是千篇一律的，杀敌，被抢光、杀光、烧光。

这区域每一个被烧毁、被摧残的村子的居民，会告诉你和上面类似的几百个几千个故事。每个故事是眼泪和血所组成。

在三光政策之下，人民武装了自己，成立了游击区。

有的游击区有好领导人，有坚强的组织，不但打击了敌人，也保卫了自己。

有的游击队是游而不击的，更有不游不击的，也有和伪政府伪军合作的。

有好的游击队的区域，人民负担轻，除了出自卫谷和给流亡政府一点谷米以外，没有别的负担。

游击区和沦陷区交界的地方叫阴阳界。这地带的人民要出四份，一份日军，一份伪政府，一份游击队，一份流亡政府。

纯沦陷区的出三份，一份日军，一份伪政府，还有一份，伪游击队。

这一带的人民就生活在这样的几重负担之下。

游击区的人民，过去三年，生活得还不太坏。不只不太坏，有些村子还有若干家暴富的。其他的即使不发财，也还过得去，甚至比前还好一点。

情形是这样的。

第一，没有了苛捐杂税。伪政府不敢来，流亡政府不能来，日寇要来，被打出去。消极的负担是减轻了。

第二，战争时间，过去一些浪费的现象也跟着政府走了。例如唱草台戏，公开的赌博（过去政府是要收戏捐和赌捐的）、斗牛、庙会以及宗祠祭谱盛会和鸦片红丸白面的不能入境。

第三，最重要的是洋货不能入境了。没有了煤油，菜油和土蜡烛的销路控制了全区。没有洋白糖，红糖就涨价了。没有洋布，土布畅销。没有纸烟，土制卷烟业也起来了。一切的洋货都用土货代替，而且不但自给自足，还有销到旁的游击区去的。经营这些事业的人都起了家。我同村的一个小自耕农兼小店主不但买了许多田，还盖了新房子。

第四，没有抽壮丁，也没有征购征实。

当然，也有许多破了家的。被抢被烧的不必说，有的商人因战争突起，地方突然沦陷，货物全部损失而变为赤贫的例子，也有好一些。

不过，大体上说，都还过得去。过去家里很难有一元两元银洋的，在这段时间，三万五万不算什么一回事。

举一个最具体的例子。我的村子有一百家左右，过去读中学的只有一两家，但是在今天，有一二十家的孩子进了中学了。

战争，游击区的建立，使这地方的人民起了质变。社会阶层澈底改变了。

然而，在日寇投降以后，又来一个更大的变化，扼要的说，不是复员而是复原，一切都复原了。

第一，复的是政治的原。苛捐杂税又来了，而且比以前更多，更苛细。例如义乌县的监狱容不下新来的客人，就有监狱捐。要多盖监狱，美其名曰改良监狱捐。至于蠲免田赋，根本没有那回事。

第二，浪费现象又普遍化了。举例说，这一些日子，义乌南乡正在举行斗牛大会，人没有饭吃，养的斗牛却每天吃八九个人的饭，还喝酒，吃人参汤。一头斗牛的市值要二百担以至更多的谷子，参加的斗牛有几百条。每一举行，附近几十里内差不多空村空巷，万头攒动，欣赏牛的战斗。

第三，洋货大批涌入了，煤油代替了菜油和土蜡烛；洋白糖代替了红糖；洋布驱逐了土布；外来纸烟使土卷烟绝迹。小手工业者关门，土布机劈了当柴烧。

第四，征购征实又开始了。诸暨的一个朋友告诉我，征购军米每一担的代价只够这担米挑进城的挑费的四分之一。

普遍的穷困，澈底的穷困！

粮食大量的出去，洋货大量的进来。

穷困的实例有的是。这次我在家住了四天，要借回来的路费，全村子凑不出五万元法币。

再举一个实例吧，我的村子大小男女有九百多人，可是全村所有的土地只有七百多亩，平均每人分配不到一亩。

还有，法币使人民吃够苦头。一直到今天，还有不少家爱国爱得着迷的天真农民，一沦陷就把法币紧紧藏好，一捆一扎埋在妥当的处所，始终不肯动用。即使敌人用重刑威吓，也还是紧紧收起，这些人报效政府算是报效够了吧。而在今天，若干年前所拼着性命保存的法币，一捆一扎可以买一个烧饼或者一个鸡蛋。

而且，谷子一百斤的市价从几百元涨到两万，而且，天天在涨。

于是，在去年年底吧，一切工资，借贷，甚至买卖，都以谷物来计算了。木工一天五斤米，佣工一天三斤米。

还有，这地面管过去的银洋叫白洋，假如估计一件货物的价值不以谷物计算的话，那就说是合白洋若干元。

没有人在保存法币。

这和几年前人民冒险保存法币的艰苦情况，恰是一个对照。

这个强烈的对照说明了人民是懂政治的，他们会受骗，可是只能受骗一次。

三十五年七月十六日

真空的乡村

——还乡散记之三——

一　不变

隔了十三年了，村里的小学，还是老样子。

其实，再说远一点，从三十年前到今天，这个小学也从来不曾有过改变。

小学还是设在村中惟一的公共场所，大厅。这座建筑有相当年代了，据说在我曾祖父的时代就有它。长方的院子，正厅三大间，楼上是空着不用的，让它作老鼠王国。下边正中一溜是神龛，摆着列祖列宗的神主。隔着一个极大的院子，对面是戏台，戏台后面又是三间平房，当中一间是大门。正厅两边有两个腰门，村中人都从此进出。

平时，为了祈神、报赛、谢痘、消灾，要唱戏在这里。

穷人家房子不够用，办丧事在这里。

冬夏两季，有钱人家作一点竹活，打晒谷席子，打装谷子箩，在这里。

过旧历年，年轻人中年人闹赌，押宝掷骰也在这里。

当然，有宣抚大员来，也在这里训话。当中的大院子，无论什么时候，都堆满一堆堆木料，一堆堆肥料，苍蝇满天飞。

假如有改变，那只是小学校长换了人。新校长要举行新政，举出种种理由，说大厅不好办学，不如戏台这边小三间好，于是搬了过去。再隔一阵子，又换新校长了，又举出种种理由，说还是大厅好，又搬回来。三十年来大概搬来搬去总有二十多次，反正有的是人力，谁也不在乎，谁都说搬得好。

附带在这里说一句，我们的小学校长是义务职，并不经由选举。谁的家道稍为过得去，而又有小孩得上学的，便被认为当然校长。在任期中得负责招呼教员，代收学费；招待视学官员，种种麻烦差使。唯一的荣誉是一年一度的请教员的酒席中，他坐主席。

教员，三十年来永远保持一个的纪录。因之，每个教员就都非全能不可，国文、算学、常识、唱歌、体操，什么什么全得会。每班每级全得教。

一年的薪水过去是几十元白洋，如今改成谷子了。吃不饱，也饿不死。大体上来应聘的人，多半拿这饭碗当跳板，没办法在这地方待一下，一有较好的事情，立刻掉头就走，决不留恋。也说不上一学年，甚至一学期一个月。因之，经常闹没有先生的恐慌，经常几个村子的孩子在失学。

而且，来屈就的多半是本县县初中的毕业生。这个初中办得其糟无比，肯来这小学校的，大概还是糟中之最糟的。我在外得到的家信，都是这一些先生代笔的，端详文意，往往要好一半天才能明白讲的是什么事。

设备呢？三十年来除了一点破烂的桌椅黑板以外，没有一本图书，没有一张报纸，没有一份杂志，更谈不上体育用具，音乐用具和其他的仪器设备了。

孩子们在学校读了几年，出校后依然是文盲，认不得几个大字。

村子里人送孩子上学，过去每年花一元白洋，现在大概是几十斤谷子吧？能认得字固然好，可以记记账目，再好是能写文契。不然，认不得也不要紧，放在学校里总比让孩子们成天在野外鬼混，成天和别的孩子打架要省事，好一点。

一到农忙，孩子们全上田里帮忙去了，先生也落得休息。

这样的一个学校，就是当今政府提倡教育，扫除文盲的成绩。

说是三十年来全无改变吧，也有两点。

第一，这几年来入学的孩子增加了，今年的学生总数有七十二人。可是别误会，以为是办学办得好。其实是经过四年来的社会阶层转变，村人的一般生活水准提高了一点，比过去容易生活一点，因之大家都送孩子入学。不过，好景不常，一年半年后怕又得复原了。

第二，是村中游手好闲的人增加了，闲着没事做，大厅对面的三间被建设成茶馆。成天有一批人在说白道黑，谈论是非。当然不会谈到国家大事。

看了看，想了想，假如中国的政治还是今天这个样子，怕再过三十年，这小学校还是今天这个样子，还是六十年前的样子！

二　火热的心

为孩子们悲哀，在和多少中年人老年人接触后，又不禁为孩子们的上一代和更上一代悲哀。

中年人大体上都和我是小学或中学同学，老年人则是父执。

一个普遍的现象是销沉。

然而，更往深处看，在忧郁的面容后面，心的底层，有烈火一般的愤怒。

这一股火，迟早是会爆发的，会燃烧起来的。

从杭江铁路自动切断之后，这一角落成为孤岛了，和外面完全隔绝了。要经过多少麻烦，多少艰苦，才能偶尔得到外地一份两份报纸，知道一点点几星期几个月以前的历史。他们在苦闷，在彷徨；不过有一点却是肯定的，由于人民武装力量的成长，不许敌人过来，敌人也就过不来了。他们信任自己的力量，因之，也就坚信胜利的一定到来。

在这信念之下，他们牢牢地窖藏着法币。

在这信念之下，坚决拒绝敌伪的威胁利诱。

在这信念之下，敌人的无数次扫荡都得到失败的结果。

胜利了，敌人撤退，接着新四军也撤退，三五支队走，第八大队干部也走。

代替的是豪绅组织的自卫团，是军警联合的清乡队，是强迫自首，是集体进监牢，是密告箱，是征购征实。

一切都复原了！

抗战四年间从来没有见过面，不知道藏在那一角落里的特殊人物，都浩浩荡荡地凯旋了。

替敌人服务的伪县长，伪警察局长之类的人物，都腰缠千万两黄金，坐车到上海去了。

这些人地方上人管他们叫汉奸。汉奸中最为人民痛恨的是一位警察局长，在卖烧饼时代的名字叫小讨饭，作官以后，尊讳似乎叫傅正喜吧！他的德政之一是出卖良民证，一张良民证要几百斤谷子。这笔钱拿金子来算该有多少？拿法币来算又该有多少？

此外，还有太多的例子。

老百姓实在搞不清楚，到底是谁胜利了！

报纸大量地进来了，来的是《申报》和《新闻报》。此外，绝对不能看到任何的报纸和杂志，新书更说不上了！

他们不能指出这现象是被桎梏，被封锁，造成文化思想上的真空。

但是，他们根据过去四年的现实经验，血的磨炼，他们已经有了一种最真确的尺度。根据这尺度，明白了他们所能看到的报纸上的话全是谎话。

对谎话，一千个不相信，一万个不相信。然而，没有地方，也没有方法，能够听到真话。

然而，他们还是在坚信，无论如何，总有一天，能够活着听见真话。

举一个例子吧。我到家的第三天，义乌县县长朱文达正带了军警来清乡。在离我家不到三里路的南平镇的村民代表大会席上，说了两句名言，他说："思想自由是可以的，在脑子里肚子里，看不见，言论自由却绝对不可，绝对不可！"

朱县长是中央政治学校毕业的高材生！

有一位中年人把这话转告给我，我问他有什么感想，他凄然一笑。

他还说，这几天来看我的朋友，所谈的话，都已经有人在作报告了。我今天在这篇文章上特别指出，谢谢这些先生们的关切。

当天下午，有十几个中年人老年人和我谈话，使我惊奇的是，他们的理解力和想像力的丰富、正确，超过了我这几年来所教的大部分大学生。

他们有营养不良的躯壳，有可惊奇的脑子，火热的心。但生活在文化的饥饿线下，政治的恐怖性下。

他们不会说话，也不敢说话。

我能够明白他们，理解他们。

这是一群该被祝福的人们。

三　翻身

短短四年，这个小小的乡村翻了两次身。第一次翻身的是贫农。

不认得一个字，不曾出过一次门，没有一小块田地，一生靠劳力来换取苦到不能再苦的生活的人们，一下子翻身了。他们参加第八大队的小组，和敌人作战，封锁物资出口，挡住敌伪军，不许过来。

他们当了甲长保长以至乡长之类的公职，和第八大队合作，在经济上组织上支持这一支人民武力。

他们也参加农会，执行二五减租。解决田主和佃农之间的纠纷。

他们出席村民大会，村保代表大会。他们在发言，在表决，在执行。比较干练一点的，还坐堂问案呢！

整整有两年多吧，这一小角落的政权是贫农政权。

社会阶层倒过来了，劳力出卖者作了主人，绅士们成为幕僚。

三年后的今天又来一次翻身。

这一次是中农和绅士们翻身了。作甲长、保长、乡长的是他们，应接官府的是他们。出席村民代表大会的也是他们。

举个例，朱县长来清乡的那一天，我的村子里出席的代表，一个是三十年前的中学生，两个是廿年前的初小毕业生。在极端贫苦的乡村中，他们是被算作为地主阶层的人物的。是村子里顶儿尖儿的人物。

还有一位二十几年前的中学生，更来一个大翻身。除了是一个学校的主要教员以外，还是一个中心小学的校长，县参议员，此外还有五六个名目，我也记不清了。

贫农呢？依然是贫农，再过那三年以前的老日子，替人家作雇工，作零工，挑扁担之类。

恢复旧秩序这一点，在这一小角落，是完全无憾地做到了！

三十五年七月三十日